ACCEPTANCE COMMITMENT PERSISTENCE

擁抱停頓

焦慮世代，用自己的節奏，實現自我

AndAction 生涯教練品牌 —— 陳法憲、翟厚翔、鄭彥麒 著

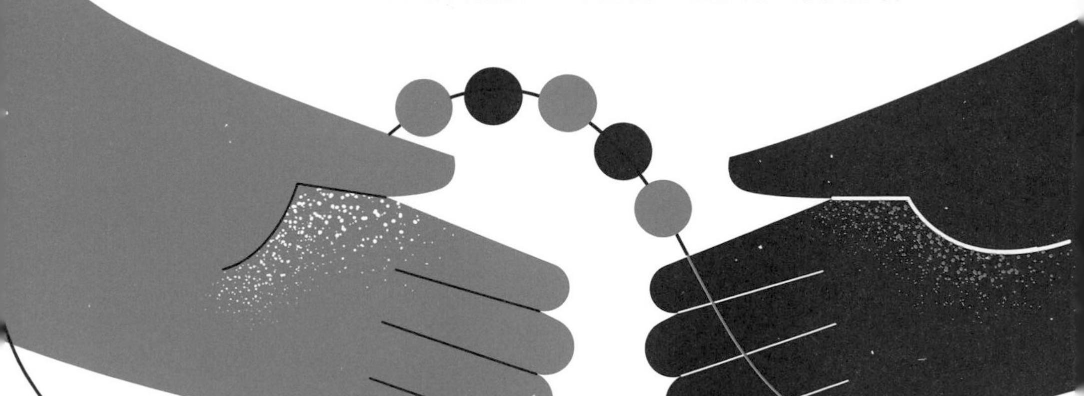

AND
ACTION

目錄

第一部 Acceptance 自我同理與自我接納

各界讚譽

「有幸能在AndAction團隊形成前就認識了創辦的團隊，親眼見證他們從零開始，逐漸凝鍊出種種讓我非常驚豔的自我認識圖卡、文章、理論。如果你也有很多對人生或職場的困惑，舉凡不知道是否該離職、生活不快樂、不知道自己想要什麼、沒動力、對未來高度焦慮……這本書都能提供你一些繞出這些惡性循環的思考路徑，是一本相當好用的工具書。」

——張希慈／好好星球文化基金會執行長

「焦慮及憂鬱，是現代職場人的通病，此書透過循序漸進的幾個步驟，幫助讀者們實現感受上、行動上、實質上的自由，可以幫助許多職場工作者打破自己內心的高牆，進而實現快樂又滿意的工作與生活。每一位社會新鮮

自序
在混亂失序中，重新找回自己的節奏

回想早年辛苦創業的日子，我們三人心中總會浮現「不要放棄，撐下去就是你的」這種聲音，認為生活就是不斷往前衝，就算再累，喝了一杯City Cafe後，仍要繼續打起精神。

秉持這樣的信念，在經營Himelight職涯發展教育品牌時，我們的生活就是拚命往前追逐：建立線上履歷工具平台、舉辦各類型的人才培訓計畫、青年海外參訪交流、正職職缺媒合會等。在過程中與大量求職者和社會新鮮人接觸，努力改善他們在傳統求職市場中的相對弱勢。

但隨著時間一長，忙碌的生活卻已影響到我們個人的身心狀況，即使隱隱感受到對現狀的不滿、知道有很多問題逐漸浮現，卻仍將時間和行程排滿、持續燒錢投入，不讓自己停下來。

直到創業第六年，團隊遇到前所未有的低谷：發不出薪水、夥伴紛紛走人、與投資人認知分歧。同時，位於台北東門的辦公室租約即將到期，卻還找不到下個合適的辦公地點。

所有過去避而不談的問題，一下子全浮上了檯面。

我們深深意識到，這種**「無法停下來，不斷往前衝」的工作模式，將造成多大的傷害**。

但過去的教育體制卻一直是這樣教導我們的。

這個過度強調正能量、自我實現，與生產力的社會，是讓現代人感到憂鬱倦怠的原因之一。做了很多嘗試，讓自己不斷進步、學習，卻沒時間思考自己究竟要的是什麼。

同時，經歷了五、六年的前線服務後，我們也發現，每隔一陣子（數個月或不到一年），同一位客戶又會回到糾結的職涯轉換十字路口，再度向我們尋求諮詢與建議。這樣的現象屢見不鮮，甚至有加劇的趨勢。這不禁讓我們思考，即使幫助求職者透過履歷工具、求職面試技巧順利找到工作，是否仍無法幫助他們跳脫職涯轉換的惡性循環？

處在低谷期的迷惘與焦慮，讓我們被迫停下來重新整頓。團隊因緣際會進駐了位於民權東路靜僻巷子裡的共享空間 University Café。那裡有著各種充滿創意、活力的人事物，也同時兼具自在慵懶的步調，讓我們也開始入境隨俗、慢慢沉澱下來，不再急急忙忙。漸漸地，團隊中的每個人都可以依照自己的步調，以及身體狀態的高低峰，來安排一天的進度和生活，得以沉浸、享受於工作之中。

這樣的沉澱，讓我們有了更深的反思，能後退一步，往內探索現代焦慮的核心根源——自我。並逐漸認知到，**在這個快到停不下來的世代，真正需要的是一種對於「停頓」與「行動」的意識**，能依照自己內心所需的平衡調整步調，而非受制於外在而搖擺不定。

從那時起，我們陸續做了許多關於台灣二十到四十世代的訪談與研究，開始探討：究竟什麼樣的支持才真正對一個人具有改變和影響力。二〇一八年，新品牌重新聚焦，以「**有意識地擁抱停頓，用自己的步調行動**」作為創辦AndAction的初衷：「And」代表停頓、行動前的醞釀和沉澱；「Action」代表跟隨內在動機，有所依循地邁出行動。

捨棄壓抑自我的失控正能量，不再只是一味往前衝衝衝，推著大家改變或得到什麼。開始重視行動前的內心感受，擁抱令自己感覺卡住的「停頓感」來源與不自在的真實感受，好好接住，並接受這些心聲的存在，讓每一步的「行動與探索」都更加篤定。**知道自己是為了什麼而做、為了什麼而經歷、為了什麼而投入**。我們深信著這樣的價值觀，因此也讓許多首次接觸AndAction的人，都能感受到這種自在又真誠的文化。

此後，團隊便以「AndAction精神」為基礎，展開了一系列的原創服務嘗試，想盡辦法為大家打造各種跳脫標籤與束縛，以及好好重新檢視自己的機會。重點是，這樣的過程並不是一種壓力或課程，而該是得以樂在其中的體驗！我們期望藉由各種角度的切入點，提供不同面向的支持系統、創造線上線下的社群連結，讓參與者親身體會：在實現自我的過程中我們都在，你教練點了點頭：「願意跟我分享看看嗎？想到什麼就說，不用擔心。」

俞安：「我想為自己做出一點改變，但又覺得好累！前幾天剛好跟一個前輩聊到，回顧一路走來的自己，已經好久沒有真正笑過了，我不知道自己到底在幹麼……」

教練：「這真的是一個很難釐清的問題，真是辛苦你了。我很好奇，這樣的情況維持多久了呢？」

俞安語帶無奈：「剛畢業時，我對人生充滿希望，想要變得更好、持續成長，想過成功的人生。但不知道什麼時候開始，這幾年我滿腦子想的都只是怎麼活下來、怎麼不被老闆罵，也不知道這是不是自己要的方向。」

教練：「原來俞安歷經了這樣的改變。那當你意識到這樣的轉變時，有特別想到什麼嗎？」

俞安：「從小到大，我都覺得目標就是考高分、上好學校、找到好工作，擁有一個好人生。現在，雖然大家都說我的工作還不錯，但我知道自己其實沒有很開心……有種人生卡住的感覺。」

在追逐與停滯間，找到自己的步調

我們身邊一定不乏那些停不下來的人，即使感到疲憊、倦怠、已經超過負荷，卻仍繼續苦撐。

因為身邊有太多聲音都告訴他：「你可以的」「不要放棄」「就差一點點了」。這些聲音，逐漸變為內心的恐懼，讓他們不斷告訴自己不能輸、要比別人更有競爭力，逼迫自己持續努力、上進，把成功建立在其他人的失敗之上。不在乎拿得少，但也不讓別人拿得多；過得不好，還是要在社群網站上看起來比別人好，用虛榮心填補安全感。

「身邊所有人都拚了命往前跑，如果我不跟進，不就會失去機會和競爭力，被淘汰為社會的弱勢族群？」所以多數人寧可犧牲健康、生活失衡，也要賺更多錢、得到更多尊重和認可。然而，資源沒有變多、市場和需求也沒有增加，最後誰也占不了便宜，卻都精疲力竭，淪為無意義競爭的「內捲」狀態。

成長過程，就像是在爬一座未知而險峻的山

爬山時，如果急急忙忙想攻頂，可能會因過於倉促而體力不支，甚至忽略突如其來的落石；反之，如果因為對未知過於恐懼而停滯不前，也永遠無法見到超乎想像的遼闊山頂。

如何維持自己的步調，是一生都要持續學習的能力。

生活有太多無法意料的事：痛苦的關係、感情的低潮期、不適合的工作、全球疫情……猶如山中的狀況一樣變化莫測。尤其是現今這個混沌的社會，沒有既定的標準，每個人的發展都開始異質化。四面八方湧入的資訊與聲音越來越混雜，內外期待拉扯之下，更容易在眾多選擇中迷失自我。

Life Coach 教練技巧能如何幫助你

教練這個角色，有點像是和你一起爬這座山的夥伴。嗯……或許更貼切

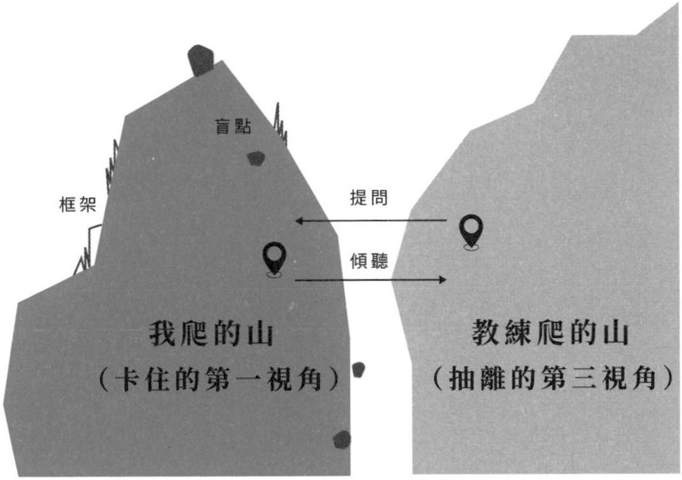

的比喻，教練其實更像站在對面那座山，抽離到旁觀者視角，幫助你回顧是如何爬到現在這個位置（經歷了什麼、體會了什麼、感受到了什麼），提醒你何時該備上保暖外套、登山杖、頭燈、睡袋、救生毯，讓你在陌生多變的環境中也不失去信心。在這本書中，我們會傳授你專業的教練技巧，讓你持續保有這樣的意識。

簡單來說，教練技巧的核心就是透過提問及傾聽，幫助你整理不容易注意到的框架與盲點。或許就是因為它們的存在，才導致了糾結的狀態。發現框架與盲點的下一步，是疏理可能的來源（同儕、社會或原生家庭等），不一定需要破除，但至少可以透過盤點和整理，理解自己的思緒、決策和行為是如何受到影響。

接著是探索在這些框架與盲點以外，有沒有哪些新的可能性是過去從未發現，或是想過卻沒有機會好好實踐的。深入覺察這些可能性後，再從中篩選、調整，訂定成「具體可行的目標」。

再來是思考如何「拆解」目標，規畫一步步達成目標的「行動計畫」。讓啟發不只發生在當下，而是透過行動實踐在日常生活中，讓改變得以被創造。行動過後的再次回顧也很重要。回過頭來，看看有沒有什麼新發現或新議題，整理後再進行調整、優化，繼續透過「設立新目標、展開行動、多方嘗試、成長反饋」的方式，逐漸延續進展。[2]

創造三種類型的自由：內外一致、自我驅動、實質成長

教練技巧的成效關鍵，取決於客戶本身是否能勇於「為自己做決定」。**允許自己擁有本該屬於你的自由，做發自內心想做的事**。即使前方的路有些顛簸、高機率會失敗，但在評估各種風險和可能性後，真的想試試看就應該直面挑戰，讓自己在過程中學習、在失敗中成長。

這樣的自發性**能帶來一種全面的自由：一種基於獨立、負責之上的成熟的自由。不是因為任何人的期待，而是自己真的很想要做，就想那樣活著**。這樣的改變能展開由內而外的漣漪，讓人從被動消極，逐漸轉變為主動積極。

走向自由本就是生涯發展的本質，從受局限、對未來感到茫然和恐懼的個體，逐步成為在感受、行動、狀態上皆完全自由的存在。[3]

- **內外一致是感受上的自由**：能感受到「做自己」的真實快樂，自在地對外表露自我、真誠地與他人合作，並成功建立社會連結。[4]
- **自我驅動是行動上的自由**：由內心激起源源不絕的驅動力，讓自己不

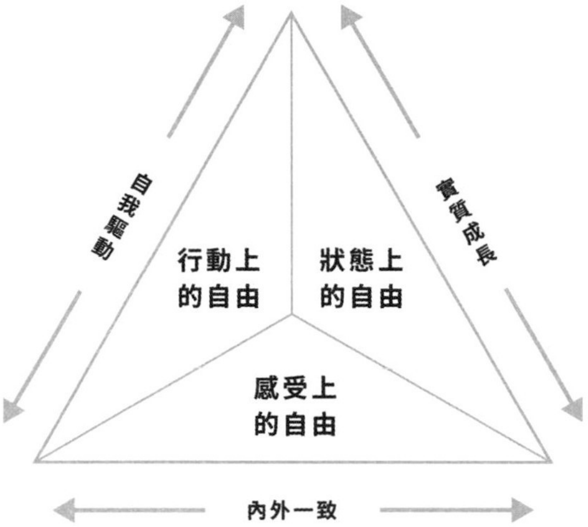

受限制地專注於想要發展的行動，不因結果的成敗而缺乏動力。[5]

- **實質成長是狀態上的自由**：能看見每個行動背後的意義，串連經驗、累積疊加成自己所需的成長，不受制於他人的評價與身分的認同。[6]

這是AndAction想帶給大家的三種自由。希望能幫助你有意識地擁抱停頓，用自己的步調行動，將對未知的恐懼轉為期待，並持續累積為成長路上的養分。最後，用自己的節奏，成長為自己想要的樣子。

往自由前進的人生累積策略——ACP教練模式

教練模式與技巧在歐美發展甚早且廣為盛行，但源於異文化背景脈絡下的方式，不見得完全適用亞洲或台灣社會。相較於亞洲，歐美國家在整體教育系統中更重視個體的獨立性，對人格發展的養成和啟蒙較早，對家庭與重要他人關係的連結模式，也與亞洲文化不盡相同。

正因如此，AndAction不直接沿用國外教練系統的模式，而是更專注於台灣文化，以二十到四十世代的「自我成長背景」與「思維發展模式」為核心，透過深入探討各種思考、決策與行動的脈絡，整合心理學與十年來在個人發展領域的前線實務經驗，設計出一套真正能創造影響與改變的ACP教練模式。

ACP教練模式不僅是本書的架構基礎，也是AndAction教練在激發客戶潛力時所依據的指標與重心。將幫助你邁向「內外一致」「自我驅動」「實質成長」三種自由思考策略，在過程中有效率累積每段經歷，為停滯的

現狀「丟入變因」，經由適當的成長激發潛力。

Acceptance自我同理與自我接納

提升自我同理與接納能力，向內探索，將內在世界過度控制的經驗放下。擺脫糾結心境、突破僵固的思考框架、增加心理彈性，以更開放更靈活的狀態理解、接納自己。

#思想的接納　#特質與情緒的接納

#自我與狀態的接納

Commitment 當責與承諾行動

釐清自我價值觀與認同，並開拓靈活多元的觀點，覺察身邊所擁有的資源與可能性，進一步明確地找出內在驅動力與目標，有能力做出最適合自己的當下選擇，創造前所未有的行動力。

#關係的當責　#工作與零碎時間的當責　#精力與動機的當責

Persistence 持續進展與優化成果

專注成長進展，設定適合現況的階段性執行計畫，擺脫拖延、動態調整工作模式，並隨時支援階段成果。同時，持續優化自己的狀態，定期評估成果與優化執行方式，具體達成目標，持續實踐期待中的改變。

#經驗意義的進展　#行動計畫的進展　#夥伴關係的進展

章後練習工具

我們希望透過這本書，開始引導你走向想要的生活，無論現在的你狀態如何，都有可能做出改變。因此，我們特別在每個章節添加了兩個小活動，讓你除了是讀者，更是能實踐理論、改變自己的行動者。

覺察思維

每章最後的重點整理。讓你重新回顧學習內容，利用這個練習進行深度自我覺察，建立更精準、更完整、更全面的思考維度。在心理學上，會透過「後設認知」的技巧，從第三視角或高處俯瞰的方式來練習，讓自己抽離當下的情緒和糾結的思維。[7]

自我提問

「提問」正是教練的核心技能，可以幫助對方進行深度思考，並探索新的思考面向。書中使用的提問技巧，皆是與AndAction心理學研究團隊共同設計精煉而成，取自於AndAction教練與客戶對談的真實案例。在每個章節的尾聲，我們會將這些提問思維傳授給你，並改良為更適合「自我提問」的句型，讓你可以不受限地隨時進行自我對話。

我該如何開始？

本書以AndAction的教練經驗為主軸，在各個章節逐步幫大家建立起基本的「自我教練」和「教練他人」能力，讓你能幫助自己或身邊的人拆解卡關的困境脈絡，鬆動被框住的盲點，找到專屬的發展核心，創造改變契機的第一步。在行動和自我認知間建立正向連結，讓真正的影響能夠發生，以適合自己的步調走向自由。

想從自己出發，面對當下困擾的議題

將閱讀時產生的想法寫成筆記，帶入自己的情況後，試著跳脫第一人稱觀點、以不同角度換位思考，成為自己的教練，找出盲點並設定眼前具體可行的計畫。對於根據計畫做出的各種行動，持續以同樣的方式進行檢視，透過反思與沉澱讓自己逐步成長。

想學習方法與技巧，幫助身邊親友突破現況

閱讀時請想像自己正面對想幫助的親友，盡可能拋開主觀立場、站在親友的角度，以同理、陪伴的心態，藉由開放式的提問進行討論，一起找出現階段可以立即開始的著力點，建立有效的行動方案。

第一部

Acceptance
自我同理與自我接納

承諾行動
Commitment
激發
自我潛力
朝向你想要的未來
成長、改變
自我同理
Acceptance
持續進展
Persistence
自我驅動
實質成長
內外一致

第一章 覺察自我框架

「他們好像都過得不錯，那我呢？」

忙碌的星期一早晨。

穿著西裝的上班族滑著手機排隊擠進307號公車；趕著上課的學生拿錯了早餐，沒聽到早餐店阿姨在背後喊著：「帥哥！那不是你的啦！」台北橋上的機車騎士見縫就鑽，在擁擠的車流中努力爭取一條得以往前的狹縫。

美好的一週就從這樣以快速的步調展開。人人奔往不同的方向，卻都同樣急於找尋自己人生的定位。

三十四歲的宗翰，因為星期一症候群太嚴重，提不起勁上班的他，在前一天和我臨時約了這次的教練對話：

宗翰：「教練，不好意思很臨時約了這次對話，但我昨天情緒整個上來，真的沒辦法上班，所以請了半天的假，想跟教練聊聊。」

教練：「宗翰，我很願意陪你聊聊你的狀況，我相信我們現在的對話對你一定很重要。不知道能不能請宗翰分享一下現在的感受和想法呢？」

宗翰陷入了沉思。

教練：「慢慢來，想到什麼就說什麼沒關係。」

宗翰嘆了一口氣：「我什麼都沒做，就只是在滑手機……

「但好像越滑越空虛，不管是IG、FB、YouTube，怎麼好像大家都過得很好、很有熱情做自己喜歡的事，那我呢？

「我都已經要三十五歲了，我不知道自己現在到底在幹麼？」

教練：「聽起來，我們對於現在的自己是有更多期待的，是嗎？」

宗翰點點頭：「嗯……」

教練：「我能理解你滑手機越滑越空虛的感受，那對於未來，你有想要做什麼，或者想達成的目標嗎？」

宗翰沉默片刻說：「沒有。唉！我只是覺得自己已經出社會好幾年了，人生的待辦事項有好多都沒完成、甚至還沒開始，但年紀也不小了，不知道還有幾年可以耗。

「現在的工作也只是為了賺錢。雖然不討厭，但也沒什麼熱情。想換工作，又擔心放棄已經累積到現在的成果，但如果不改變，會不會就一直這樣下去？真的讓人很焦慮。」

窗外尖峰時刻的車聲喧囂，忙碌的週一早晨，多少人又準備重啟日復一日的循環？對宗翰來說，一週的開始更讓他難以忽視心裡對年齡的憂慮。

不同生涯階段，有著不同的自我期待。像這樣因正值某個年齡而感到焦慮的大議題，困擾著所有跨世代的人們。**這樣的憂慮背後有些什麼？彷彿有一道思想上的牆，阻礙了許多可能，我們該如何接納它呢？**

「我年紀已經不小了」

年齡的增長是普遍讓人變得急躁的關鍵因素之一。對工作漸漸失去耐心，開始對身邊重要的伴侶／家人／好友產生質疑，最後對自己的能力失去信心。[1]

急躁讓人變得短視近利。急著想達成目的，開始草率處理許多事情——工作湊合著做、婚姻湊合著結、人生也湊合著過。

這種現象製造出更多的比較，尤其在社群上顯而易見。「大家都過著美好的生活，那我呢？」開始感到自卑、責備自己不夠好，但其實**每個人都面臨同樣的混亂、同樣的困難抉擇，只是有些人沒有讓大家知道罷了**。[2]

多元角色衝突

每個人的一生，都會隨著年齡的增長扮演不同的角色，大致可分為五個階段：成長、探索、建立、維持、退休。

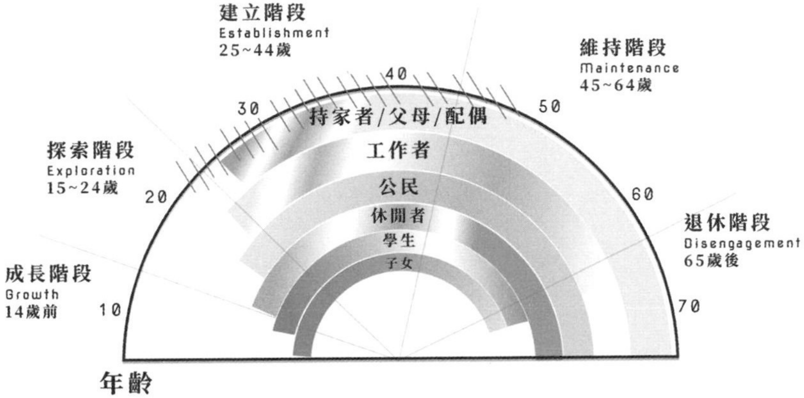

二十到四十世代開始進入多元角色高度重疊的階段，容易在各種關係與角色間感受到矛盾、衝突。需要學習如何面對不同期待的壓力，與外在聲音及自我期待的拉扯，在多元角色轉換間自我調適。這個階段是人生的關鍵起點，一切正要開始，也是自我定位最重要的階段。[3]

然而，年齡漸增讓多數人越來越心急，認為應該要趕快完成某些任務。**彷彿前面有條終點線，越接近就越急躁**。我們常常遇到很多人，只要超過三十、三十五或四十歲，但還沒買房、還沒結婚、還沒成家立業，就會覺得自己「不正常」，背負著來自社會、家庭，和自己的罪惡感。

「我們那個年代算是經濟不錯的年代，三十歲前賺到第一桶金然後買房結婚，是很正常的事。但我不會把這樣的想法套在兒子、女兒身上。想想看，現在景氣這麼差，很多小孩很可憐，給自己很大的壓力，光是要活下來就很難了，還覺得應該要達成這樣的期待，不是很痛苦嗎？」

——四十六歲／保險業／楊小姐

我們都知道，現在的時代背景已經和過去完全不同。活在房價、物價飛漲和通膨的台灣，實質薪資成長緩慢，甚至停滯近二十年，**過去的「正常」，早就很難套用在現今社會**。這樣既公式化又沒來由的「應該」，卻成為許多人背負更大壓力的主因。

過時的三十而立

這些年齡迷思，也與中國儒家思想的「三十而立」有關：超過三十歲就得立身、立業、立家，有所作為、擔負責任。各方面都必須進入成熟階段。

但在現代社會，個人成長和發展的速度，受到許多因素的影響：經濟、文化、教育、家庭背景、性別、種族等，**無法再用統一的標準，來評價一個人是否已經到達「立」的階段**（更別提古代因醫療、健康、戰亂等不可控因素，平均壽命才大約三十至四十歲）。

「想想，醫療技術、營養、衛生習慣的改善，和疾病預防的進步。未來平均壽命可能會從現在的七十二．六歲提升到一百多歲，多了整整三十年。代表我們不用再像過去一樣，急著在三十歲成家立業。而且這並不是在很遙遠的未來，很可能就會發生在我們這代人身上。」

——三十一歲／未來學家／彭先生

過去的觀點不見得適用於現在，主流社會遵從的文化也不盡然能套用在每個人身上，未來更是有著無限可能。若直接把舊時代的教條，以及不同人堅信的價值觀，直接套用在截然不同的個體，認為每個人都應該照著特定的時間表走同樣的路，無法看到身邊存在著其他可能性，這種在無意識間阻礙自己的框架，都將讓生活充滿更多的急躁及焦慮。

無意識形成的框架

思想上的「應該」，很多都是在成長過程中無意識生成的。

像是從出生開始，身上的基因就已經無意識影響著我們的食物偏好及性傾向。思想和日常行為，更是經常在家庭與社會環境的影響之下，透過不斷重複而成為無意識的反應。舉個生活化的例子：在超市購物時，經常會下意識選擇家中常用的品牌，而非根據自己的需要重新挑選。因為經過多次重複後，這些動作已經自動化了。[4]

對重要抉擇的無意識，經常讓人陷入矛盾

除了日常習慣，我們對「人生重要抉擇」的看法及反應，也常常是以這樣的自動化模式進行，而非透過有意識的思考和決策。大腦會自動啟動一個相應的框架，不自覺以熟悉的視角和價值觀解讀身邊的人事物，無意識地將事情視為**非要達成**或**無法改變**，對我們的思考和行為產生影響：

- 有伴侶才會快樂（**非要達成**）
- 買房才有安定感（**非要達成**）
- 有好的事業才算成功（**非要達成**）
- 都三十五歲了，怎麼可能再換工作（**無法改變**）
- 要高富帥、白瘦美，才能擁有一段關係（**無法改變**）
- 內向、慢熟就不容易有好的人際關係（**無法改變**）

然而，這些思考框架可能都存在盲點，導致我們用相對固定、偏見或

片面的視角去理解事物，無法看到框架外的其他可能性及發展空間。當這些「無意識的框架」與「對生活的期待」產生一定程度的矛盾，我們就容易產生憂慮、生氣等自己都不一定能清楚說明的情緒。[5]

無意識地處於框架中，就容易覺得沒有選擇，逼自己急急忙忙達成不完全認同的目標，最終被這些僵化的框架限制，卡在原地停滯不前。

如果覺得卡住了，可以試著讓自己停下來，覺察那些原本沒有意識到的框架。找出框架外的不同選擇，利用**相反事實**來化解內心的矛盾：

- 有伴侶才會快樂？好多擁有伴侶或結婚的人也仍在抱怨和憂慮（**相反事實**），或許擁有一段關係，不見得是快樂的關鍵。
- 買房才會有安定感？身邊很多朋友背了房貸後，生活好像變得更不安定（**相反事實**），維持現狀也許更適合我。
- 有好的事業才算成功？即使沒有好的事業，但我仍能從付出和給予當中，感受到自己是成功的（**相反事實**），這不是也很好嗎？

- 年紀不小，就不能換工作了嗎？麥當勞創辦人克羅克、漫威之父史丹李、Netflix創辦人哈斯廷斯，也都是在那些看起來「為時已晚」的年齡才成就事業（**相反事實**），現在開始應該也還有很多機會吧。
- 長相普通，就不容易交到男女朋友？很多不具備「高富帥」「白瘦美」條件的人也都有幸福的感情（**相反事實**），情路順不順，似乎更取決於自己的個性。
- 個性外向才能有好的人際關係？我的老闆也是內向、慢熟的人，但他運用自己的貼心、善良，也獲得很好的客源和人際關係（**相反事實**），所以我好像也不需要強迫自己變得外向？

成長過程中，每個人都會受環境與經歷的影響，累積為預設的態度與行為原則，這往往不是自己能控制的。「無意識」不是壞事，它是基於人類生存的必要，為不斷發生的日常進行自動化處理，節省大腦有限的認知資源。然而，在某些重要時刻，我們確實需要去發展覺察的能力，有意識地重新看待那些平常不會注意、但深深影響著我們的議題。6

框架是模仿出來的

模仿是人的天性，看到眾人都持有相同的看法，就更可能相信並接受這個看法，即使它可能並不正確或具誤導性。現代社群媒體的普及，更大幅強化了這種無意識的「從眾心態」，容易跟隨群體或社會大眾的看法及信念。

不僅是看法，連**大多數的欲望，也都來自於「模仿」，而非「內在需求」**。模仿本身不是問題，真正需要關注的是，模仿的對象能否讓我們變得更好？7或是反而成為一種制約，讓我們患上「錯失恐懼症」——錯過別人都有的經歷所產生的持續性焦慮，使生活變得更為艱難且痛苦。

錯失恐懼，別人有的我也要有

「我好害怕自己一輩子只能待在這裡，然後錯過擁有最棒人生的機會。每次看到朋友在社群上分享旅遊、派對，或是其他有趣的活動，我都會覺得自己好像錯過了一些令人興奮的事。」

——三十七歲／高階經理人／沈小姐

這種焦慮感會使我們不斷檢查手機、查看社群媒體，希望能抓住任何一個令人興奮的訊息或是照片，然而，這樣的行為只會讓我們越陷越深、更加焦慮。這種**「其他人都有，只有我沒有」的感受，將讓我們忽略那些自己擁有的快樂**。

看到任何最新趨勢、科技、生活型態等精進自我的成長模式，就會認為自己得趕快跟上，嚴重的知識焦慮，讓自己不斷購入那些「明明不需要，卻只是為了讓自己心安」的課程，害怕不持續成長就會輸人一大截。

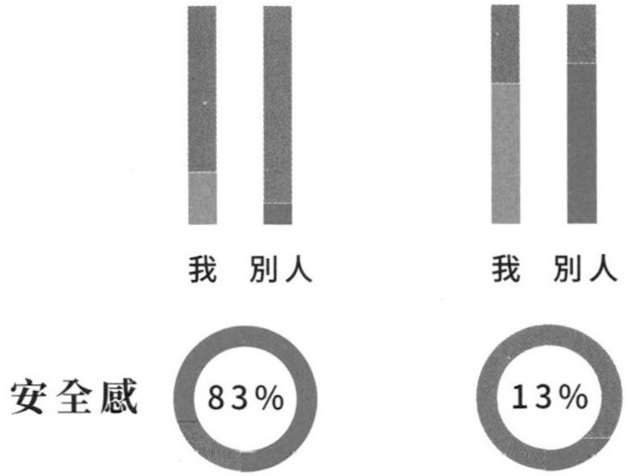

在工作上看到同事升遷或得到獎金，也會感覺自己好像錯過了一個機會，甚至開始懷疑自己的工作表現是否足夠優秀。看到別人從事有趣、有意義、薪水不錯的工作，便逐漸對現有工作失去熱忱，萌生離職的念頭。[8]

在感情上，當身旁好友開始談論自己幸福的戀愛關係，或者聊另一半的優點時，可能會開始想像如果有更好的伴侶會如何，如果有更浪漫、更激情的關係會怎麼樣，甚至開始懷疑自己的選擇是否正確、是否還愛著現在的男女朋友，擔心錯過了找到合適伴侶建立家庭的最佳時機。[9]

這些害怕錯過的感受，帶來了更多對現

狀的不滿。東西還可以用，但看到別人有更好、更炫的東西，也想買新的；明明擁有穩定的感情，但看到別人的浪漫愛情畫面，卻開始懷疑自己是否該換個對象。越來越缺乏等待的耐性、因為外在刺激就覺得下一個必定更好，於是開始追求那些看似很趣或是社交價值高的事情。**忽略真正的需求和興趣，在尚未與內在自我連結之前，就不顧一切展開追尋**。這樣的盲目往往讓我們疲憊不堪，甚至失去自己的方向及目標。[10]

擔心無法爬上金字塔頂端

有些人因錯失恐懼而感到痛苦，想追求大家都有的東西；相反地，有另一群人，因為想追求那些「大家沒有的東西」、活出「獨特」，或渴望爬上社會金字塔頂端而苦惱。為了讓自己不一樣，只要在群體中感到太安逸，就會開始陷入焦慮。

這種**無止境追求卓越和獨特的想法，很多都是從名人、崇拜對象、權威人士、有影響力的人身上模仿而來，無意識被灌輸「必須活得不一樣」的價值**

觀，同樣是讓自己受限於框架之中，為了改變而改變。

像是「跳脫舒適圈」這個概念，被各類書籍與心靈雞湯文一再重複，不斷鼓勵大家要努力踏出原本的環境，才能過上更好的人生。彷彿待在自在的同溫層有多不應該，是一種停滯、不成長的行為。事實上，並非所有人都需要追求卓越或世俗定義的成功，而且社會上大多數人其實都很辛苦、努力地在過日子，偶爾待在取暖圈休息一下，不也很合理嗎？[11]

「每次看到有正能量短影片或貼文要大家勇敢跳脫舒適圈，我就很想翻白眼，好像只有你很努力在成長，其他人都在混似的。很沒有同理心。讓我很想留言回覆：『一直叫我跳脫舒適圈，你哪隻眼睛看到我很舒適了？』」

——三十二歲／理髮師／陳先生

這個快到停不下來的世代，所有人都馬不停蹄地往前追逐。追不到的，苦惱著該如何爭取；剛獲得的，下一秒就不在乎了。我們是否可以停下來想想：**那些追逐、更替的事物，真的讓自己的人生變得更好了嗎？**

有意識地選擇框架

框架是中性的，從眾和模仿也都是人性本能，展示著人們相信的原則與價值觀。真正造成問題的，是對框架運用缺乏足夠的意識，無法看到更廣泛的選擇。過度執著於特定框架，卻沒有配合自己的需求和現況，於是在不知覺中受到牽制。

「有意識的覺察」能幫助我們釐清影響現狀的脈絡，且有意識地反思，那些存在於思想中的框架及模仿對象，是否真的合理。透過不斷覺察影響自我的框架，發現其中的局限性與實用性，找出真正適合自己的依循方式。每當出現年齡、人格特質、情感或工作等不同方面的憂慮時，從中找出在意的面向，試著以不同角度思考，逐步轉化框架對自己的影響，讓執著與糾結的心態得以被調適。[12]

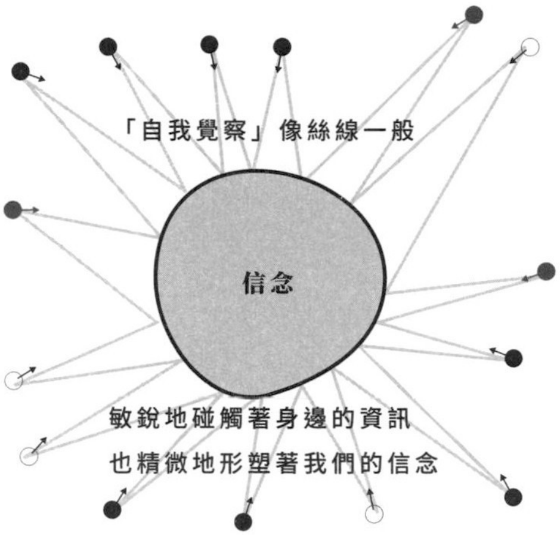
「自我覺察」像絲線一般
信念
敏銳地碰觸著身邊的資訊
也精微地形塑著我們的信念

以新視角審視所擁有的事物、更有意識地運用自己擁有的一切，而非急於追尋他人擁有的。不受制於模仿而來的欲望，每一天都去了解自己真正需要或該剔除的事物，發自內心地做出有意識的選擇。相信每個屬於自己的行動和決定，都將能因此由內而外地真正展開。

覺察思維

- 二十到四十世代開始進入多元角色高度重疊的階段，背負著不同的期許，需要學習在各種角色轉換間自我調適。
- 活在房價、物價飛漲和通膨的台灣，實質薪資成長緩慢，甚至停滯近二十年，過去的「正常」早就很難套用於現今社會。
- 古人平均壽命才大約三十到四十歲，所以有所謂「三十而立」思想。這些基於過去時代背景發展出的「規則」，不盡然能直接套用在現代人身上。
- 我們的日常行為有很大一部分是在無意識下進行的，然而，對於人生的重大抉擇：結婚、買房、工作、人際關係……就需要有意識地去重新看待。
- 模仿是人的天性。就連大多數的欲望也都來自於「模仿」而非「內在需求」。模仿本身不是問題，真正需要關注的是，模仿的對象能否讓我們變得更好？

◆「其他人都有，只有我沒有」的錯失恐懼症，讓人開始買入不需要的課程、對現有工作和感情開始不滿，於是越來越缺乏等待的耐性，只因為外在刺激就覺得下一個必定更好。

◆渴望活出「獨特」、爬上社會金字塔頂端，這種無止境追求卓越和獨特的想法，很多都是從名人、崇拜對象、權威人士、有影響力的人身上模仿而來，在無意間被灌輸了「必須活得不一樣」的價值觀。

◆「跳脫舒適圈」這個概念，被各類書籍與心靈雞湯文一再重複，彷彿待在自在的同溫層有多不應該。但事實上，並非所有人都需要追求卓越或世俗定義的成功。

◆框架是中性的，從衆和模仿也都是人性本能，展示著人們相信的原則與價值觀。真正造成問題的，是對框架運用缺乏足夠的意識，因此無法看到更廣泛的選擇。

/自我提問/

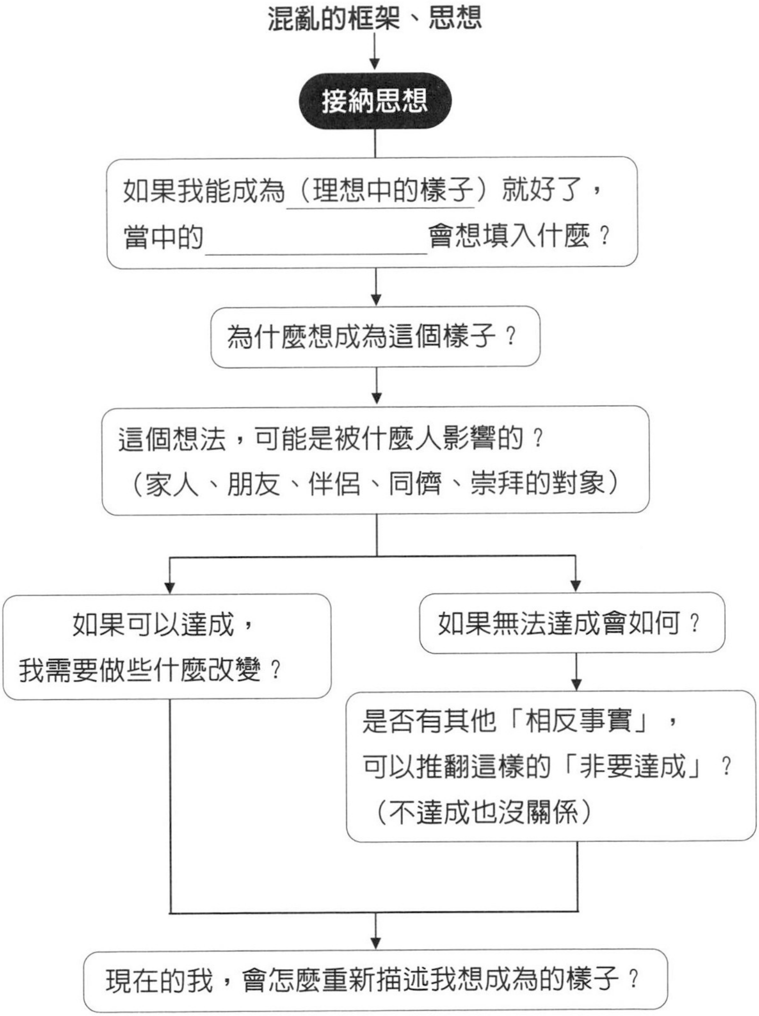
混亂的框架、思想
接納思想
如果我能成為（理想中的樣子）就好了，
當中的＿＿＿＿＿＿＿＿會想填入什麼？
為什麼想成為這個樣子？
這個想法，可能是被什麼人影響的？
（家人、朋友、伴侶、同儕、崇拜的對象）
如果可以達成，
我需要做些什麼改變？
如果無法達成會如何？
是否有其他「相反事實」，
可以推翻這樣的「非要達成」？
（不達成也沒關係）
現在的我，會怎麼重新描述我想成為的樣子？

第二章

疏理當下感受

「"And"享受旅途中的適時沉澱」

讓負擔、煩惱和情緒像雲彩般從腦海飄過，允許它們存在，但不做出干涉或反應。

讓氣息緩緩進入身體，再平穩呼出，感受肌肉開始逐漸放鬆。

放鬆身體和心靈、感受當下的平靜，再輕輕張開眼睛，慢慢回到現實世界，感謝這個寧靜的時刻。

一如既往，我會在教練對話前的十五分鐘，透過冥想幫助自己完全沉澱下來，拋開主觀視角，進入更客觀的無我狀態。[1]

（叮咚！Google Meet的視訊鈴聲打破了平靜）

我輕輕點了下視訊接受鈕。

宛儒激動地說：「教練！跟你說，我真的要瘋了，原本今天要結案的，結果業主突然不滿意，有超多地方要改，明明一開始都講好了，過程也都沒提出什麼問題，不懂為什麼每次都遇到這種奧客，做越久覺得越煩，當初的熱情都沒了。」

教練：「聽得出來宛儒非常用心在對待自己的工作，所以才會有這些在意的感受。接案工作真的很不容易，辛苦你了！」說完後，我停頓了一下，試著讓自己感受宛儒的情緒。

「那今天的對話，宛儒會希望有什麼樣的進展呢？」

宛儒：「嗯……我不想再像今天一樣，發生這種明明講好又突然被改設計的狀況，真的很煩。」

教練：「我很好奇，這樣的狀況很常發生嗎？」

宛儒：「不一定。但每週至少有一到兩天會被氣得半死。」

教練：「那之前我們都是用什麼樣的方法來處理呢？」

宛儒頭低了下來：「嗯……」

教練：「也許我們可以一起想想，如果業主沒有突然提出要修改設計，可能是因為我們做了什麼事情呢？」

宛儒想了一下說：「唉！我也不太確定……

「過去我也想過要訂出明確的合約條款或是溝通規則，但每次溝通都像是從頭開始一樣，很難有有效的進展。」

宛儒的語氣有著明顯的委屈，思考方向也開始改變。

「我知道一被改稿就有情緒很不好，但不知道為什麼，好像都是我遇到這種鳥事，甚至會開始懷疑是不是自己能力有問題，才會一直被否定。剛進職場的時候，我覺得自己無所不能，做了幾年到現在，我卻常覺得自己一事無成。」激動的話語中充滿自責和無奈。

「我也很討厭遇到這種強勢的業主還不敢吭聲的自己，我從小就內向又敏感，唯一比較擅長的就是設計，也常想是不是因為這種個性，所以在職場上容易被打壓……」

對話進行到這裡，宛儒如同洪水般，一口氣宣洩所有壓抑許久的煩惱。看似是合作關係的表層議題，實際上卻是隱含自我否定的深層議題。**如何接納自己的缺點？難受的情緒可以如何轉化？**

你認為的缺點，都曾在過去保護過你

事情不符合期待時，我們很容易下意識否定自己的缺點：「常常壓抑內心的想法」「興趣太廣泛不專精」「過度認真會給人不少壓力」「過度敏感導致不好的人際關係」……這些**被否定的缺點，默默成為前進的阻礙，越想切割、影響卻越深刻**。彷彿是無法擺脫的宿命，讓情況變得窒礙難行。[2]

討厭自己差勁的「內向」個性、想擺脫造成困擾的「易怒」特質、不該衝動、不該敏感，不該這麼在意他人想法……但你是否想過，這些你認為的缺點，可能也在過去的某時某刻保護過你。[3]

「缺點」有它必須存在的理由

或許，在你還不夠強大時面臨的許多棘手狀況，都是你一直以來認為的「缺點」成為了「保護傘」，保護了當時還無法順利克服危機的你。

讓我們一起回想看看：是不是敏感的特質（**缺點**），讓你善於察言觀色，能很快「讀懂空氣」、理解每個人的立場和情緒，知道當時最好應該或不應該說的話，巧妙地讓自己避免遭受責罵或懲罰（**保護傘**）。

容易憤怒的特質（**缺點**），讓你對生活中的不公義相當敏感，能為自己或他人打抱不平，並快速建立防衛機制、將憤怒轉為動力，避免被不講理的人欺負（**保護傘**）。

我們認為的優點和缺點，都有它存在的原因、價值和意義。宏觀來看，它們都只是一種不存在優劣的特質、十分中性，更重要的是如何在適合的狀況中自然發揮。[4]

「我覺得看自己的特質很像在看電影或動漫角色。優點就像好人，但一

特質都是一體兩面的

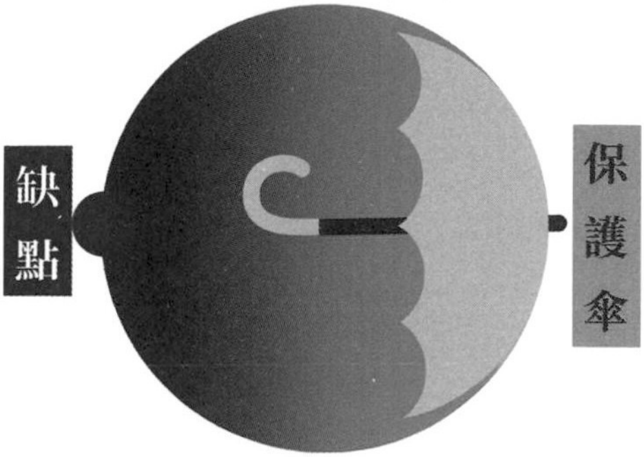

部劇裡只有好人會很無聊，一定還需要穿插壞人，就是我們認為的缺點。不論好人、壞人，甚至是插花的配角，在導演眼裡都是同樣優秀的演員。而且對我來說，有時候反派角色反而更吸引我，就像蝙蝠俠裡的小丑、神奇寶貝裡的火箭隊、獵人的幻影旅團。」

——二十八歲／網紅／羅先生

總是下意識否定這些特質、以逃避的態度面對，不但將失去理解它們背後所代表意義的機會，在未來遇到相同的情境時，也很容易直接以過去的認知與行為模式應對，反讓自己一再陷入不想要的窘境當中。

試著去了解那些特質對自己的意義，拾起那份對自己的不接納。接受任何缺點都是自己的一部分，讓它成為你的特色與優勢。

內向的人可以發揮善於傾聽、專注、穩定的特質，用內斂又細膩的感受力，成為他人的精神支柱。

沒定性或三分鐘熱度，可以將專精同個領域的時間用在廣泛學習，獲得不同視角的想法，成為多元領域的串連者。

不善獨處的人可以更積極地向外發起活動、連結大家，為團體建立溫暖的向心力。

很在意別人的看法，就善用這份在意，在讓自己舒適的前提下，成為讓自己越來越好的動力。

給憂鬱空間，舒緩精神內耗

身心感受不好時，很容易不停評斷自己，將所有感受或體會，粗略地以二分法區別：好與壞、正面與負面。為了不想承受隨之而來的負面影響，當感受出現時，便順理成章地想反抗或逃避：「憂鬱是不好的」（**反抗**）、「低迷是不應該的」（**反抗**）、「我應該要更快樂！」（**逃避**）、「為什麼只有我會有這種焦慮？」（**逃避**）、「要變得更正面、更陽光、更外向，才會被人喜歡！」（**逃避**）。

這種戰或逃的反應，卻反而讓不喜歡的情緒不斷繁殖。[5]

然而，**當下的感受只是你擁有的所有感受的一部分，不完全代表你**。如同皮克斯動畫電影《腦筋急轉彎》的場景：人類大腦裡有著許多情緒小精靈，每次都會由一個情緒小精靈主導。憂鬱時，就像代表憂鬱的小精靈走到了台前，以至於注意力都集中在它身上。你雖然感到憂鬱，但不代表你是憂鬱的，你只是擁有憂鬱的部分而已。[6]

無法控制情緒，但可以不認同情緒

一天下來會有各種情緒感受。我們無法控制它們該在何時，或以怎樣的形態出現，但我們可以不去認同情緒，也不為它們貼上標籤，只是開放空間任其發展。同時，也原諒和體諒自己可以暫時產生這樣的情緒，例如，**將憂鬱（depressed）僅看作是身體需要一段深度休息（deep rest）**而已。

留給情緒適當的空間，代表處在不評斷的覺察狀態。這可以幫助我們尊重每個感受，看到它背後的不同需求。當需求被滿足，情緒也就能調適了。

「我不夠好，上次就是因為我所以事情搞砸了。喔，對了，他上次的語氣是不是代表他還很在意我犯的錯，他一定開始討厭我了……嗯，好的，這些念頭都出現了，一種憂鬱略帶畏懼的感受開始出現了。但無所謂，我允許它們存在。它們可以是我的一部分，也可以不是。一切，都隨它以原本的樣子存在。」像這樣**讓混雜著情緒的念頭緩緩流過，讓自己成為情緒與念頭間的觀察者**。[7]

開啟中立視角，不去進行二元對立的評判，便能對自己的日常感受進行更真實的觀察。藉由持續練習，可以發現情緒來源分為兩種：

①感官情緒

身體需求沒被滿足所引發的情緒，像是睡不好、吃不飽等。常有人會和我們提到自己有情緒不穩的困擾，明明沒發生什麼事，到了晚上卻容易生氣或情緒低落。深入探索後，經常發現是由於睡眠不足導致的疲勞及精神不佳。工作整天後，到了傍晚已經十分疲憊，此時看心靈雞湯、打籃球轉移注意力都無法緩解情緒，最有效的方式，就是留給自己一個滿足身體需求的空間，**對症下藥、直接滿足需求——好好睡一覺**。隔天起床，心情自然就會好多了。[8]

②認知情緒

內在需求沒被滿足所引發的情緒，像是回想起出糗的事件、令人憤怒的衝突、遭受的委屈等。遇到這種狀況時，不妨試試「正念」這項諸多研究證實且倡導的有效方法，搭配緩慢的呼吸讓自己平靜下來。不少人會將正念誤解為「正向思考」，事實上，**「正念」是在當下對內在保持關照，以開放、不評斷的態度，「如實」地覺察自己的身體、感覺和念頭**。[9]

「正向思考」則是以「正向」的方式來看待情緒。然而，太過用力或錯了方向，卻可能衍生出相對危險的心態，像是對每件事都預設立場：「我必須正能量」「我必須打起精神」等，反成為壓抑自己的方式。同時，在錯誤的方向堅持正向思考，更可能因此做出不明智的選擇或行為。[10]

另一種舒緩認知情緒的方式，是**找到與自己頻率相近、能完全接納自己的人**。和這樣的人接觸，能讓自己感受到有人與我們同在。有時，我們需要的不是安慰或討拍，或任何可以「更好」的建議，而是**需求能被理解和接納**。如此一來，這樣問題就會解決一大半了。[11]

「同理」是最高等級的陪伴。我們花了很多時間東奔西跑，試圖理解這個世界的運作邏輯，卻很少花時間抽絲剝繭地理解自己的身心。當情緒發生時，給自己留些空間，讓自己處於「自我疼惜」——深度自我同理的狀態。[12]

敏銳地碰觸情緒，對感受好奇

情緒本身就是很一個很龐雜的系統。幸運的是，隨著現代心理學的進步，持續出現更多可以形容情緒的詞彙，像是：羞愧、內疚、悲傷、恐懼、憤怒、滿意、喜悅、平靜……如下頁AndAction製作的「情緒輪」。

了解不同的情緒詞彙，可以幫助我們更細膩地理解、表達與即時認知自己的情緒狀態，提升**「情緒粒度」**（emotional granularity）——**能用清晰的詞彙描述模糊的感受**。例如，產生不舒服的情緒時，不會只是覺得心情「很差」，而是能往下細分，究竟不好的感受是憤怒、羞愧，還是內疚等，進而深入探索情緒發生的「時機」與「感受」兩個面向。

① 情緒發生的時機

很多時候情緒的產生都並非無來由，**覺察它們發生與消失的時間點，從中找到有跡可循的脈絡，便能更好地陪伴自己。**

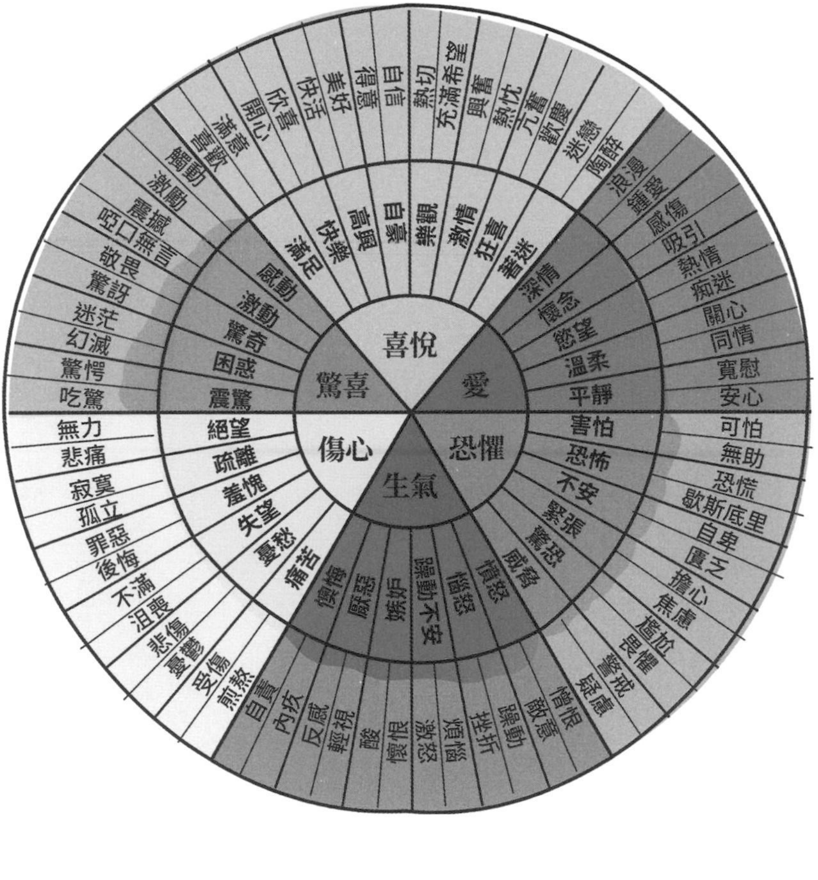
喜悅
愛
恐懼
生氣
傷心
驚喜
滿足
快樂
高興
自豪
樂觀
激情
狂喜
著迷
深情
懷念
慾望
溫柔
平靜
害怕
恐怖
不安
緊張
驚恐
威脅
憤怒
惱怒
躁動不安
嫉妒
厭惡
懊悔
痛苦
憂愁
失望
羞愧
疏離
絕望
震驚
困惑
驚奇
激動
感動
喜歡
滿意
開心
欣喜
快活
美好
得意
自信
熱切
充滿希望
興奮
熱忱
亢奮
歡慶
迷戀
陶醉
浪漫
鍾愛
感傷
吸引
熱情
痴迷
關心
同情
寬慰
安心
可怕
無助
恐慌
歇斯底里
自卑
匱乏
擔心
焦慮
尷尬
畏懼
警戒
疑慮
憎恨
敵意
躁動
挫折
煩惱
激怒
懷恨
酸
輕視
反感
內疚
自責
煎熬
受傷
憂鬱
悲傷
沮喪
不滿
後悔
罪惡
孤立
寂寞
悲痛
無力
吃驚
驚愕
幻滅
迷茫
驚訝
敬畏
啞口無言
震撼
激勵
觸動

例如，你可能會發現自己晚上（**發生時機**）會有較大的情緒起伏，但早上（**發生時機**）起床就會恢復平靜、積極。週末（**發生時機**）因為是假日，所以心情總是比較好。週三（**發生時機**）因為離週末最遠，所以總是比較容易低落。對自己的情緒波動週期有了像這樣的理解後，就能依據情緒發生的時機，去從事不同的活動。

再舉個例子，疫情大流行期間，很多人因此生活提不起勁、非常不開心，感覺大量負面情緒分秒纏身、揮之不去，甚至懷疑自己得了憂鬱症。不過，這其實不等同於憂鬱，而是一種「萎靡」的感受——由於長時間的社交隔離、經濟衰退、工作停擺、與家人分離等因素（**發生時機**）而感到虛弱、孤單，無法感受到正向的情感體驗。處於這樣狀態下的自己，其實還是有做事的動力，只是覺得有點沒目標、有點不快樂，開始逐漸對生活的麻木感習以為常。

如果能對自己的感受有這樣的觀察，就能思考應對的做法。像是和親朋好友視訊互動、或試著去找到一件熱愛的事（玩玩遊戲也可以），為日常生活增加一些有意義的事或挑戰，萎靡的感受就會逐漸消失。[13]

② 情緒發生的感受

理解情緒發生的時機後，我們可以更進一步去**感受**、**了解情緒對自己的影響**。每種情緒都有不同層次的能量，有些情緒會讓胸口微微灼熱、有些會讓四肢發冷、有些會讓頭感覺緊繃腫脹，還有一些可能會想讓人蜷縮身體。

不僅如此，情緒更像一個濾鏡，常主導我們看待外界與自己的方式。例如：眼前出現「一幅畫」，**喜悅**會將它看作是「美麗的畫」；「媽媽提醒我記得穿外套」，**急躁**會將情況解讀為「媽媽又在嘮叨」；今天「一個人待在家」，**悲傷**會將事實渲染成「孤獨一人沒人理」。

情緒將持續影響我們的想法、身體感覺，與客觀事實。缺少覺察會讓人直覺認為生活就是如此、自己就是如此。花點時間理解自己的情緒，將幫助自己更恰當地應對內心的感受。

你是否還記得孩提時代遇到新事物的自己，總是想知道更多、想了解為什麼。不是質疑或評判，而是好奇，真的想知道由來、細節及原理。試著**跟**

隨這樣的好奇探索情緒，不需要很快達成目的，也先別急著平靜。在緩下來的步調中，依循感受本來的韻律和節奏，自會找到面對情緒的合適方法。[14]

用同理建構認知，鍛鍊心理韌性

人生總會有各種事發生，多少都會遇到痛苦、悲傷、困難或不幸的事件，很難不低落、不煩躁。重要是如何療傷，讓自己復原到足以用平常心看待過往，並建構出新的認知，與生活的真實樣貌和諧共處。

內在肌肉的靈活性和適應能力

我們的內在也如同身體肌肉一般，挫折就是鍛鍊「內在肌肉」的好時機。越多的鍛鍊就越能融洽地應對壓力、擺脫危機、調適情緒，**學習在逆境中保持靈活與適應力，逐步發展出強壯的復原力，這也稱為心理韌性**（resilience）。[15]

鍛鍊心理韌性的方式，包括情緒調節、衝動控制，以及原因分析等。當情緒出現時能馬上喊停，而不是衝動反應，留給自己多一點的身體與心理空間。再來，妥善運用情緒詞彙以精確描繪自己的感受，觀察為什麼這樣的情緒會在這個時間點發生，並進一步探索情緒背後有什麼樣的需求。

再進一步，可以藉由覺察不同身體部位的感受，觀察情緒會如何影響自己：心跳加速、手掌出汗，或肩膀緊繃等。練習以更多元、靈活的方式深入描繪情緒、擴大知覺感受，例如，以比喻的方式寫下、畫下或說出口，嘗試將情緒從點、線、面，到立體、結合情境的方式表達出來。16

例如：「聽到他說的話，我覺得自己整個人像是被石頭壓住，壓得喘不過氣來。」「尷尬的場面讓我腦袋一片空白、手腳發抖，羞愧到想立刻離開現場，挖個洞讓自己躲起來。」多元的描繪方式，能讓我們更明確地將情緒具體化、增強情緒粒度，從而更了解如何應對自己的不同感受。

從模糊的「自我否定」走向清晰的「自我接納」

有太多自我否定其實都發生於混亂模糊當中，還不理解自己的情緒和特質，就先將它們貼標籤，視為負面的情緒及缺點，認為「現在的我好糟糕」。然而，當我們花點時間去觀察、去挖掘對自己的好奇，就能理解為什麼這些特質或情緒該要存在，也能順其自然地進入高度的自我同理狀態。[17]

透過這樣的同理，我們能建構出對自己與對環境的適當認知，也更能以好奇的視角來看待情緒及特質，將它們視為自己的內在資源。

我們的每段經歷造就了現在的價值觀、童年回憶形塑了我們的內在小孩，每一天、每一季、每一年，累積的一切都影響著接下來的選擇。只有這些記憶的主人，也就是自己，才得以去安放這些經歷及感受。

試著靜下來，好好寫一封信給自己，用溫暖的語氣原諒自己，看見自己內在特質和感受必須存在的原因。**每次情緒爆發前的覺察，都是鍛鍊心理韌性的最佳時機**。在學習疏理自己的過程中，內心會逐漸變得靈活有彈性，那些糾結的問題也將自然消失。[18]

覺察思維

◆被否定的缺點將默默成為前進的阻礙，越想切割、影響卻越深刻。

◆在你還不夠強大時面臨的許多棘手狀況，都是你一直以來認為的「缺點」成為了「保護傘」，保護了當時還無法順利克服危機的你。敏感讓你善於察言觀色，避免遭受責罵；憤怒讓你建立起防衛機制，避免被不講理的人欺負。

◆當下的感受不完全代表你。憂鬱時，就像代表憂鬱的小精靈走到了台前，以至於注意力都集中在它身上。你雖然感到憂鬱，但不代表你是憂鬱的，你只是擁有憂鬱的部分而已。

◆我們無法控制情緒該在何時，或以怎樣的形態出現，但我們可以不去認同情緒，也不為它們貼上標籤，只是開放空間任其發展。

◆情緒來源可以被分為兩種：一種是身體需求沒被滿足，像是睡不好、吃不飽所引發的情緒；一種則是內在需求沒被滿足，像是回想起出糗的事件、令人憤怒的衝突、受委屈所引發的情緒，需要透過觀察來對症下藥。

◆ 羞愧、內疚、悲傷、恐懼、憤怒、滿意、喜悅、平靜……了解不同的情緒詞彙，可以幫助我們更細膩地理解、表達情緒，並進一步深入探索它們發生的時機，以及身體和內心感受，從而找到糾結的問題根源。

◆ 我們的內在也如同身體肌肉一般，挫折就是鍛鍊「內在肌肉」的好時機。越多的鍛鍊，就越能在逆境中保持靈活與適應力，逐步發展出強壯的復原力。

◆ 有太多自我否定其實都發生於混亂模糊當中，還不理解自己的情緒和特質，就先將它們貼標籤，視為負面的情緒及缺點。然而，當我們花點時間去觀察、去挖掘對自己的好奇，就能理解為什麼這些特質或情緒該要存在。

/自我提問/

缺點、不喜歡的個性

↓

接納特質

我有什麼無法接受的特質？

↓

回想過去，這樣的特質是如何成為我的保護傘，保護當下脆弱的我？

↓

這項特質對我的價值是什麼？

↓

我現在對這項特質的感受是什麼？

↓

怎麼善用這項特質，
讓它成為我的特色與優勢？

/自我提問/

模糊的情緒、感受

↓

接納情緒

↓

回想曾有過強烈情緒的事件，試著感受當時的情境

↓

情緒是怎麼發生的？
（人、事、時、地、物……）

↓

我會用哪些「情緒詞」來描述它？
（搭配書中的情緒輪：喜悅、羞愧、內疚、平靜、害怕、感動……）

↓

想想看，為什麼不用其他情緒詞？

↓

我的身體上（從頭到腳、由裡到外）
有什麼實際的感覺？

↓

如何把這些「情緒詞」，結合
「身體感覺」，變成一個句子？

↓

怎麼與這樣的情緒更和諧地相處？

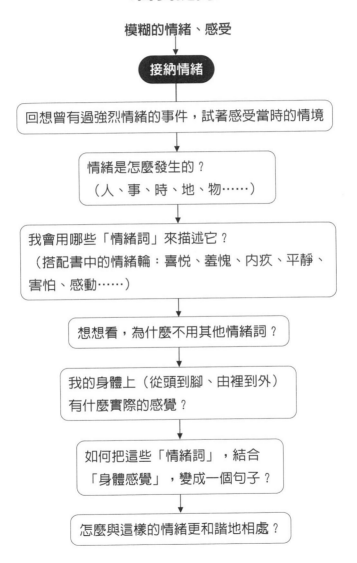

第三章
開啟潛在可能
「家貓的生存法則」

「我覺得自己這樣很假，但如果每個人都這樣做，我不做就會很奇怪。」佳樺滔滔不絕地講著自己社交上的苦惱。

嚴重社恐的她，不知道該用什麼方式和別人互動——獨來獨往怕被覺得太跩，刻意拉近關係又怕裝熟、做作。

佳樺：「常常在想要怎樣才能讓別人喜歡，唉……不過每天都要刻意表現出不像自己的樣子真的很煩。

「最近上班也是，真的覺得好累。累的不是工作本身，而是要嘗試裝作跟同事感情很好，即使不爽主管也要假裝認同，這真的不是我擅長的事。」

我點了點頭說：「原來如此，用這樣的方式面對公司的同事和主管，一定很辛苦吧！」

佳樺嘆了一口氣：「或許吧，但社會就是這樣啊，見人說人話、見鬼說鬼話，就是所謂的社會化。好像非得演出他人眼中期待的假樣子，你不偶爾戴個社交面具、逢迎諂媚一下，就容易被別人排擠，說你不合群，不然還能怎麼辦呢？」

在佳樺的視訊鏡頭後方，一隻小橘貓毫不在乎地從沙發上緩緩走過，還打了個哈欠，彷彿對人類在社交關係中的緊張與在意一點興趣都沒有。小橘貓身上散發出的慵懶氣息，與主人的擔憂形成了強烈的對比。

這個衝突的畫面，突然勾起了我的一些反思：家貓不討好你、甚至無視你，也沒有給人什麼好臉色看過，你卻不會覺得被牠冒犯（當然，因為牠是貓，所以你也不會想和牠計較什麼）。

在複雜的人類社會中，究竟該怎麼做，才能像家貓一樣自在、舒服地做自己，又不讓人覺得冒犯？**我們能否從家貓身上，找出得以應用在人類社會的生存法則**？再來，**又該如何接納自己不擅長的能力與不喜歡的狀態**？

做自己，又不讓人覺得冒犯

身在群體生活頂端的人類，自然會被更高的標準約束，不可能完全像貓一般過生活（會被揍吧？）。因此，成長過程都在不斷學習如何有效率地包裝自己，依循那些讓自己看起來「合理又得體」的模板標準。

「我覺得做自己的尺度很難拿捏，過度包裝或完全不包裝，都可能讓自己感覺不舒服。長期過度包裝，會讓自己越來越偏離內心的真實，覺得自己幹麼這麼假。但完全不包裝又不夠圓融，總覺得自己和社會格格不入，或常要遭受一些背後的指指點點。覺得很煩。」

——三十二歲／電影導演／張先生

如何算是足夠合理？如何算是足夠得體？又如何才能讓自己舒服自在？該多少程度地「做自己」及「包裝自己」，並沒有既定標準，而是因**個人期待**而異。

有人喜歡將自己包裝得光鮮亮麗，展現出能力、優勢、成就，與生活中的美好樣貌，被更多人喜歡（**期待**）。

有人喜歡盡量不包裝，想透過不加修飾的自然呈現，活得更為真誠（**期待**）。

也有很多人選擇視情況展現不同面向的自己。在不熟悉或莊重的場合包裝自己、建立得體的人設；在家人和朋友面前解放自己，進入隨性自在的模式，取得不失禮的自在平衡（**期待**）。

現今個人主義盛行，更會有人站出來宣揚「做自己」的重要性，覺得身而為人不需要在乎別人的看法，全力活出自己的人生最重要（**期待**）。然而，這種想法總被大家過度簡化、傳播，導致**很多人拚命地想「做自己」**，**卻很少人願意停下來思考「做自己」的真正涵義**。就連通勤遇到的計程車司

真正的做自己	被誤解的做自己
・考量他人想法	・不在乎他人想法
・承擔得起後果	・先做了再說
・為了探索自己，而做自己	・為了做自己，而做自己
・擴大自我	・填補自卑
・展現脆弱的一面	・以反抗掩蓋脆弱
・接受自己的盲目	・別人是盲目的
・面對自己的茫然	・別人不懂我

機和早餐店阿姨，都可能會鼓勵你放膽去做、勇敢做自己，你是否也聽到很膩、很煩了？

盲目「做自己」的危險性

盲目「做自己」有一定的危險性。一不小心，負面影響將隨之而來。一來，聽從鼓勵做自己的發言而「完全做自己」，到頭來，人生還是得由自己負責；再者，**很多時候所謂的「做自己」，其實是缺乏著力點的反彈行為，動機可能只是出於對現狀的不滿**，卻反將讓自己陷入另一種不喜歡的偏激狀態。[1]

「我很討厭有人仗著『做自己』，就做出一些不顧他人觀感的行為，像是在公共場合做出誇張行為的屁孩，把打擾大家的玩笑拍成抖音短影片，卻說他們是在做自己！」

——三十四歲／環保活動家／林小姐

不經思考便將油門踩到底，只想著做自己卻缺乏原則、完全不考慮他人或環境，及沒有適當拿捏與人互動的分寸，反將讓自己的狀態越來越混亂，找不到與環境、與自己相處的平衡點。[2]

我能否承擔得起後果

那種「隨心所欲、完全不在乎他人的感受」的「做自己」，有時容易太理想化。

大部分人都不是生活在自給自足的深山，也需要他人的連結及認同，在一定程度的道德標準下生活。即使生活在自由的社會，可以自由進行選擇，也不代表在自由背後不需負起相應的責任。

「我爸總是喜歡管東管西，但我今年都要畢業了，總該讓我去做想做的工作，過自己想過的生活了吧。我也跟他吵過好幾遍了，但因為我現在還住在家裡，還是需要我爸金援一些生活費。如果和他唱反調、堅持要做自己，不但會讓生活費泡湯，還可能要搬出去住，負擔額外的房租，我現在是還沒準備好承擔這些啦……」

——二十三歲／學生／蔣先生

想得到做自己的好處，就需要承擔隨之而來的成本。如果無法承擔結果，就不是真正的做自己，而只是衝動地想反抗現狀、想破壞一切的行為。[3]

如果承擔不起後果、又想活得真實或達成目的，較為可行的做法，是先考量環境與重要他人的期待和價值觀，優先嘗試自己也認同的部分。藉此慢慢增加他人對自己的信任，一旦信任到達一定的標準，就能漸漸去動搖對方不喜歡的觀點或期待。[4]

先搞懂自己是誰

做自己還有一個關鍵，就是「自我認識」。

如果在對自己的探索還不夠深、不夠廣的情況下執意做自己，那其實看到的世界會是非常狹隘且片面的，還可能因此成為一個故步自封、心胸局限、帶有偏見的激進分子。想更清楚該做且想做的是怎樣的自己，前提是必須更大程度地了解自己，而當中有兩個主要步驟：認清「我是誰」，並核對「別人眼中的我是誰」。

認清「我是誰」是一個自我探索的過程，尼采描述得特別精確：「見到自己、懂得自己，是擺脫了他人的期待，超越外界為你創造出的欲望之後，終於敢直接面對本性的那一刻。你是誰？去掉職業標籤、去掉世間角色、去掉擁有的種種物品後，你是誰？當時被問到這個問題，讓我整整想了一天。」

像這樣，將標籤、物品、盲點、期待、欲望逐一丟棄後，面對那個真實又赤裸的自己，予以靈魂拷問：「我終究想成為什麼樣的人？」這個問題值得我們在每天夜深人靜時好好思考。

更進一步加深了自我認識的方法，是**核對「別人眼中的我是誰」，這能幫助自己更公開透明、不受壓抑**，讓內外之間得到協調。當中最難也最重要的部分，是揭露自己的弱點，這能幫助我們看見盲點，開啟更多未知的世界。5

自在展現脆弱的一面

人們總會害怕弱點被發現，擔心因此無法在關係中居上風，或被人認為無知又愚蠢，所以習慣將自己包裝得什麼都懂、什麼都會、什麼都有涉獵。

「我就很愛面子。有時為了表現，不擅長的事情還是會說包在我身上，明明不喜歡現在最夯的劇或流行的話題，卻為了要和別人有共嗚，還是會刻意表現出很喜歡的樣子。」

——二十七歲／廚師／蔡先生

心理學上有所謂「周哈里窗」的概念，說明每個人都會有「開放我」「隱藏我」「盲目我」，與「未知我」四個面向。周哈里窗的目標是希望透過自我覺察、坦誠揭露，以及他人回饋等方式，逐漸擴大「開放我」，使其他三個部分越來越小，進而達成對自我的認識。[6]

揭露「隱藏我」：自己知道、他人未知的我

揭露自己的弱點，確實會讓人感到羞愧、尷尬、恐懼，開始心跳加速、坐立難安，湧現一股不確定、沒把握的脆弱感。但那樣的脆弱並不是軟弱，反倒是一種勇氣。有勇氣完全接受可能發生的失敗、坦然面對自己最真實的不足，這都將成為自己無法撼動的強大潛力。

我們往往沒有意識到：**適時揭露弱點，反而更容易讓人親近**。示弱得以

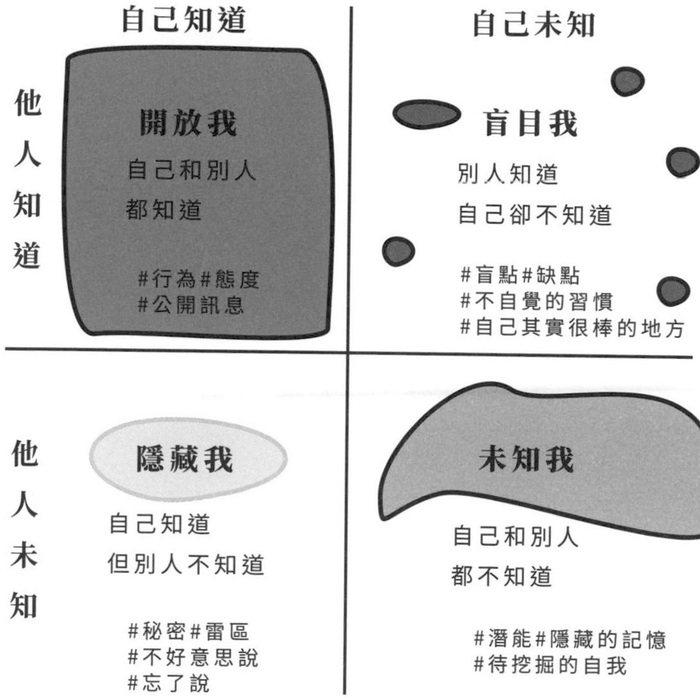
自己知道
自己未知
他人知道
開放我
自己和別人
都知道
#行為#態度
#公開訊息
盲目我
別人知道
自己卻不知道
#盲點#缺點
#不自覺的習慣
#自己其實很棒的地方
他人未知
隱藏我
自己知道
但別人不知道
#秘密#雷區
#不好意思說
#忘了說
未知我
自己和別人
都不知道
#潛能#隱藏的記憶
#待挖掘的自我

促成合作，因為自己的不足，才因此讓別人有機會與我們建立聯繫；相反地，逞強堅持任何事都親力親為，不但占據了原本能用來發揮優勢的時間，更降低與人合作、共創的可能性，讓自己的視野活得越來越窄。7

「我以前也當過迷妹和追星族，喜歡顏值高、表現完美、無懈可擊的巨星。後來隨著年紀增長，慢慢社會化成熟了，開始發現那些美好形象都是人設、是精心包裝出來的。對於這種崇拜偶像的幻想就逐漸無感了，反而更喜歡那些有時也會顯露缺點和脆弱的明星。可能有時會尷尬、忘詞，卻讓我覺得更親近，因為在舞台下，他們也都跟我們一樣是一般人啊。」

——三十二歲／設計師／吳小姐

《脆弱的力量》作者布芮尼．布朗曾說：「想要找到重拾彼此的方法，脆弱感將是那條路徑。」我們會在這條路的尾端看到彼此敞開的心，**每項脆**

弱都讓自己變得更真實、有人味。

隨著科技的演進，**在AI人工智慧變得越來越快速、高效、極具優勢的未來世界，這樣的真實正是我們相較於冰冷機器最不可取代的優勢**。AI雖然可以模擬情感，但它們缺乏真實的體驗與情感連結，無法像人類一樣擁有豐富的情感理解能力，也缺乏照顧和關懷他人的能力，例如提供情感支持、安慰和照料需要特殊關注的人群，如兒童、老人和身心障礙者等。這些都是因為我們完全接納和體驗了「脆弱」後，才得以具備的獨特能力。[8]

接受「盲目我」：別人知道、自己未知的我

很多時候我們隱藏自己的原因，不只是不想揭露弱點，更可能是不敢看也不想知道——**無法正視自己真實的樣貌**。因為一旦揭露，就可能會被別人點破，被迫知道自己更多的盲點或缺陷、產生更多的自我否定，甚至開始悲觀地認為會因此被眾人唾棄、冷落，從此只能孤單一人。為了逃避這種狀況，寧可矇著眼睛、遮住耳朵，繼續以盲目的自信生活，不願去核對「別人

眼中的我」。9

然而，如果有一群人只是因為看到我們真實的樣貌就選擇離開，那麼，這群人真的值得挽留嗎？急於抓取那些人的目光，會不會反而換來對自己的陌生與疏忽？

我們永遠不可能滿足所有人。被一群人喜歡，勢必會被另一群不同價值觀的人討厭。因此，倒不如勇敢承認，自己有時候就是會有不自覺的盲點和習慣。**也讓別人有機會向自己坦承，從我們身上看見「可改善」以及「很棒」的地方，甚至還可能從他人的觀點中，找到那些我們從沒在自身弱點中發現的價值**。

發揮當下狀態的價值

害怕自我揭露還有一個關鍵原因——**不喜歡當下狀態的自己**。舉個常見的例子：這個世代處於「茫然」狀態的人不在少數。數量不但逐年升高，還有年輕化的趨勢。然而，很多人即使茫然，卻不敢去觸碰這樣的狀態，認為這是一件羞恥的事。[10]

看著身邊的人持續往前，開始質疑怎麼只有自己感到迷惘、停在原地，甚至不敢尋求職涯諮詢、生涯教練等管道的幫助。寧願忽視無所適從的不確定感，也不願承認自己就是處於茫然狀態。

探索「未知我」：茫然也是一件值得驕傲的事

茫然並不是無知。願意面對自己的茫然，就是對人生坦承的表現。承認在混沌的此刻，自己就是不知道該往哪個方向走，真實地了解這個世界並不如眼前所見、社會所框架、長輩所灌輸的那樣單一及缺乏可能性。「所以我不願意屈就，不願意人生只是如此而已。」

如果你曾擁抱茫然，或嘗試過不帶目的地度過 gap year，在往後的日子，當你猛然回頭，將發現那段時期的記憶非常深刻、成長幅度非常大。因為純粹的茫然會帶來好奇、好奇會啟發探索、探索會引發成長、成長會創造各種新的旅程，開啟更多未知的可能。

這種看似「不知道要做什麼」的茫然狀態，正是引發一連串化學效應的最佳起點。這難道不是一件值得驕傲的事嗎？[11]

從限制中看見潛在可能

清楚目標道路的人，可以走得更深、更快；陷入茫然狀態的人，則能透過無邊際的探索，擴大人生的廣度。

每種狀態都有獨特的好處，即使當中可能存有一些限制，但那些限制都有存在的必要。它們就像引導溪流行進方向的河岸一般，沿著這個渠道（**限制**），便能通向大海（**潛在可能**）。

朝九晚五拚事業的上班族，雖然相較於自由工作者無法移地工作、擁有彈性時間，卻因為配合公司制度（**限制**），在既定的時間、地點工作，相對更容易維持自律。因此能擁有生活和經濟上的穩定及餘裕，享有優渥的福利待遇（**潛在可能**）。

剛出社會的業界菜鳥雖然缺乏經驗，也無法擁有足夠多的話語權，卻因為經驗有限（**限制**），相對在犯錯時比較能被容忍，且不用承擔龐大的責任，更能利用新鮮人的身分向資深老鳥發問，獲得更多學習機會（**潛在可能**）。

獨來獨往的單身族，雖然和有另一半的人相比，少了能分享生活的親密關係，卻也因為單身狀態（**限制**）不用向任何人報備，相對省去許多情侶爭吵的情緒消耗，擁有更多時間能去從事興趣、愛好，及結交各種朋友（**潛在可能**）。

有小孩的早婚族，可能和未婚的同齡人相比，少了一些衝刺工作或參與派對的時間，卻因為更早步入家庭生活（**限制**），相對有更多與子女相處的時間，不用背負晚婚或高齡懷孕的壓力，能更早經歷人生的重要階段，以婚姻和家庭等更長遠的視角去規畫未來生活（**潛在可能**）。

每個當下狀態都有它的限制，但並不存在優劣。我們需要做的，只是好好思考自己能不能接受這樣的「限制」，以及有多想擁有其中的「潛在可能」。

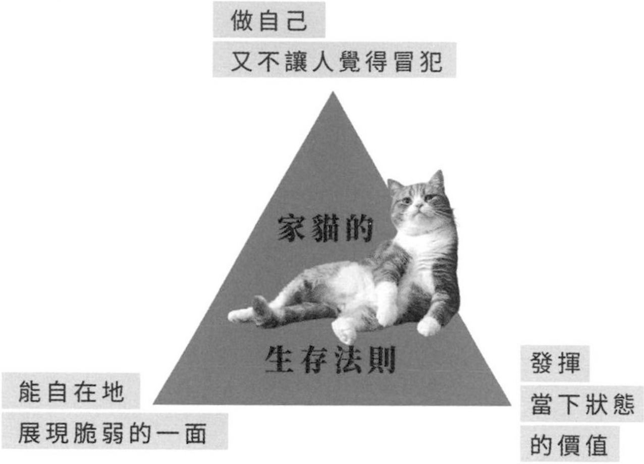

內心底層「真正的我」，需要在人生旅程中不斷探尋，才能越來越清晰、開放。每一次的行動、自我揭露、經歷、失敗、回饋，都會讓自己更成熟，更接近「真正的我」。

即使在複雜的人類世界中，我們還能像貓一樣，有一套自己的生存法則，表現得真實自在又能被他人接納。在當下狀態的限制中，仍能發揮屬於自己的潛在可能。[12]

覺察思維

◆盲目「做自己」有一定的危險性。一來，聽從鼓勵做自己的發言而「完全做自己」，到頭來，人生還是得由自己負責；再者，很多時候所謂的「做自己」，其實是缺乏著力點的反彈行為，動機可能只是出於對現狀的不滿，卻反將讓自己陷入另一種不喜歡的偏激狀態。

◆大部分人都需要他人的連結和認同，所以「隨心所欲、完全不在乎他人感受」的「做自己」，有時容易太理想化。在「做自己」前，要先思考的是：「這個結果是我能承受的嗎？」

◆做自己前，要先了解自己，透過認清「我是誰」的自我探索，再核對「別人眼中的我是誰」來加深自我認識。讓自己變得公開透明、不受壓抑。

◆適時揭露弱點反而更容易讓人親近。展現自己的不足，才能讓別人有機會與你建立聯繫。相反地，不清楚自己的弱點或硬要逞強，只會讓自己活得越來越狹窄。

◆ 脆弱會讓人變得更真實，這正是我們相較於冰冷機器最不可取代的優勢，AI雖然可以模擬情感，但它們缺乏真實的體驗，無法像人類一樣擁有豐富的情感理解能力。

◆ 我們永遠不可能滿足所有人。如果有一群人，只是因為看到我們真實的樣貌就選擇離開，那麼，這群人真的值得挽留嗎？急著抓取那些人的目光，會不會反而換來對自己的陌生與疏忽？

◆ 茫然並不是無知，而是承認在混沌的此刻，自己就是不知道該往哪個方向走。認為人生不該如此而已，所以不願意屈就，這就是一種渴望變成更好自己的強大動機。

◆ 每種狀態都有獨特的好處，每個限制都會通往一種潛在可能：上班族必須配合公司制度，卻擁有生活和經濟上的穩定和餘裕；業界菜鳥有限的經驗，卻獲得更多學習機會；單身族沒有另一半陪伴，卻能自由從事各種興趣、愛好、結交各種朋友；有小孩的早婚族因為更早步入家庭生活，卻能以更長遠的家庭視角去規畫未來生活。

自我提問

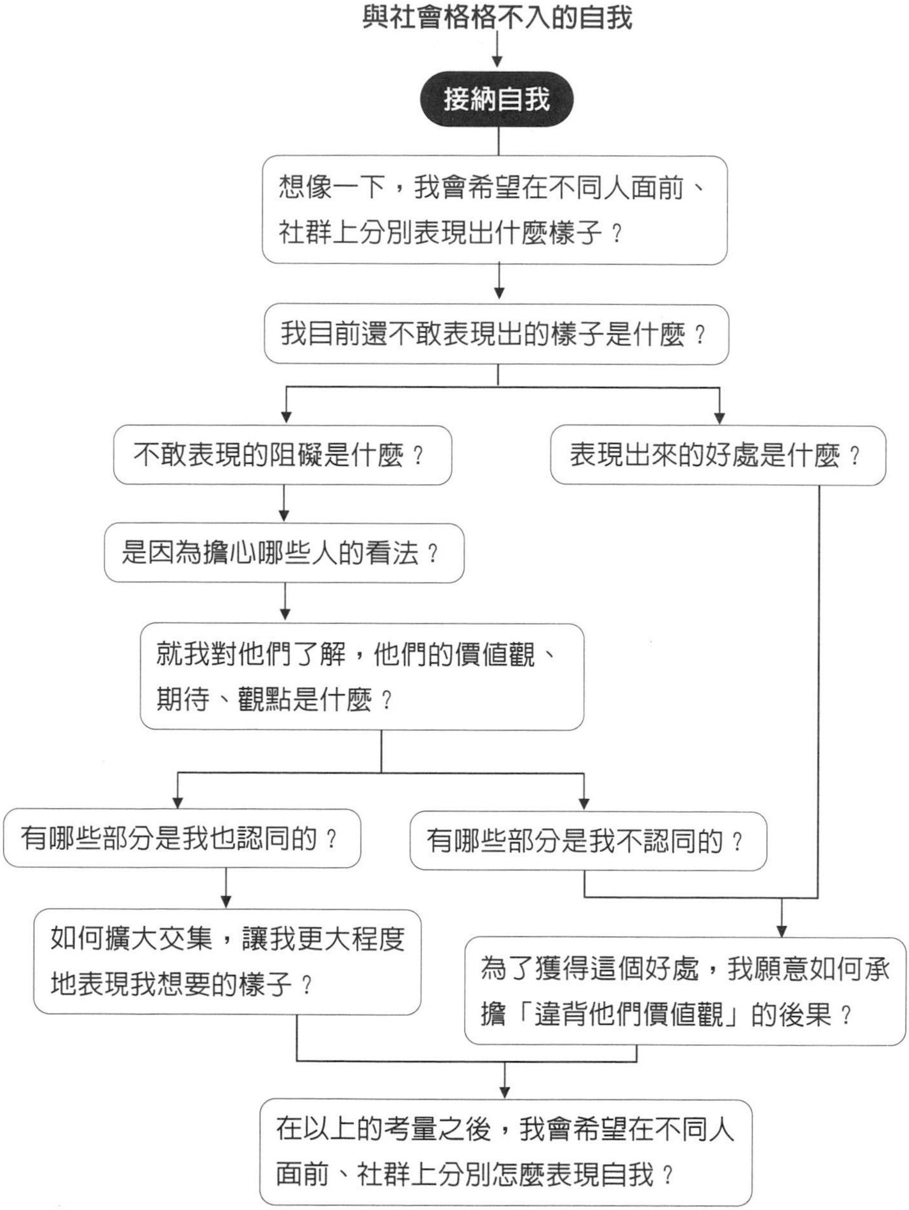
與社會格格不入的自我
接納自我
想像一下，我會希望在不同人面前、社群上分別表現出什麼樣子？
我目前還不敢表現出的樣子是什麼？
不敢表現的阻礙是什麼？
表現出來的好處是什麼？
是因為擔心哪些人的看法？
就我對他們了解，他們的價值觀、期待、觀點是什麼？
有哪些部分是我也認同的？
有哪些部分是我不認同的？
如何擴大交集，讓我更大程度地表現我想要的樣子？
為了獲得這個好處，我願意如何承擔「違背他們價值觀」的後果？
在以上的考量之後，我會希望在不同人面前、社群上分別怎麼表現自我？

/自我提問/

不夠好的人生狀態

↓

接納狀態

感受一下我目前所處的狀態
（工作、環境、身分、能力⋯⋯）

↓

當中有哪些限制？
（讓我無法自由活出想要的樣子）

↓

這些限制可以怎麼移除？

↓

如果不能移除，那它能為我帶來哪些別人沒有的潛在可能？

第二部

Commitment

當責與承諾行動

承諾行動
Commitment
自我驅動
實質成長
激發
自我潛力
朝向你想要的未來
成長、改變
自我同理
Acceptance
持續進展
Persistence
內外一致

第四章 跨越關係阻礙

「阿所以現在是怪我囉？」

糾結的週日下午。

陽台的藤蔓纏繞在一起，久沒整理，當中的盤根錯節變得越來越複雜。面對這樣的狀況，更需要以耐心去處理。

藤蔓通常是柔軟的，如果急躁地拆開，可能會導致植物損壞或斷裂，太匆忙地解開藤蔓，也可能使糾結更複雜，讓整個過程變得更為棘手。

仔細觀察當中的糾纏狀況，用手輕輕梳理藤蔓的枝葉，看著看著，覺得這就好像人與人之間錯綜複雜的關係一樣。腦中浮現最近才剛和客戶雅婕談到這樣的話題。

雅婕：「我很想離開銀行的工作，我很確定這不是我要的，但覺得好難，我不知道該怎麼離開……」

教練：「很好奇你考量的因素是什麼呢？」

雅婕馬上接著說：「我媽不會同意的。她覺得這是一份很穩定、很好的工作。她一直跟我說，像這種不用做什麼事就有不錯薪水的工作，在外面已經很難找了。

「一直以來，為了要滿足她的需求，我一直在壓抑自己。她總是把孝順掛在嘴邊，說什麼小孩本來就應該盡孝順的義務，然後時不時就提起家裡經濟狀況很差的問題。」

教練：「我感受到你似乎不想那麼直接地接受媽媽的想法，但仍然很在意她的感受，是嗎？」

雅婕面露難色：「嗯……對呀。」

教練：「你在過去有試著和媽媽溝通過嗎？」

雅婕沉默了一下，接著說：「每次都是用吵架的方式溝通，但都沒完沒了。她會一直丟出像是家裡經濟狀況不好、媽媽從小到大這麼辛苦養你、別人的小孩都怎樣怎樣的話題，說得好像我是一個很自私、只想到自己的人。」一個不注意，我被微小的荊棘刺了一下，這才回過神來。

缺乏疏理的關係如同藤蔓，越久沒整理，越要小心。自己在精神層面上因為在乎他人所做出的犧牲和壓抑，不見得會換來同等的關心；一味無條件地付出，也不一定會得到相應的回報。**「在乎他人」與「傷害到自己」之間的拉扯，該如何衡量適當的尺度？在這段關係中，自己又該負起什麼責任？**[1]

埋藏心中的委屈，不認為自己可以有選擇

在台灣，我們常會觀察到一種現象。很多父母希望孩子不要輸在起跑點，會在孩子還很小的時候，就送他們去參加各種才藝課或補習班，即使孩子不見得喜歡，甚至對這些事完全不感興趣。

被規定好的人生

隨著孩子上了高中、大學，甚至出了社會、結婚，都還鍥而不捨地想為他們決定大小事：「看你一直換工作，這麼不穩定幹麼，早跟你說像我們一樣在公務體系待著，不是很好嗎？」「都幾歲了還沒有對象，隔壁美娟阿姨的女兒還不錯，這禮拜幫你安排認識一下。」「這孩子，怎麼這麼固執！我還不都是為了你好！」

那些看似很合理的「我還不都是為了你好！」其實是把自己的期待轉嫁在子女身上。也有很多父母，會在養育兒女的過程中不斷灌輸「孝順」的觀念，以養兒防老的「功能性養育」心態對待孩子。認為辛苦生下孩子，本就應當獲得回報，卻因此讓子女承受了龐大的壓力。

然而，每個時代的價值觀都不一樣。對現代人來說，養兒育女不是一項投資，子女也不是能用愛控制的傀儡。每個人都應當順應自我意志，成為獨立自主的個體。[2]

這種世代價值的差異，造成有些子女厭倦了束縛而選擇搬出家裡、減少聯繫。但還是有一群子女，即使備受壓抑，仍選擇住在家中：

「一來是家裡不贊成我出去住，二來是我不想成為自私的人，為了夢想不顧家人感受。雖然覺得爸媽很煩，但還是放不下，覺得自己有一份責任在。身邊的北漂朋友都會說住家裡很省錢，在台北房租不斷上漲的年代，能少一份開銷很幸福。

但說實在的，我真正犧牲的是最珍貴的自由。住家裡有好多事情會被管、被限制。出門前都要被問今天跟誰出去、幾個人、去哪裡、幾點回家，晚上跟朋友出去喝酒都要一直看手錶，很怕回家時間晚了還要解釋一堆。如果可以選擇，我寧願自己付房租。」

——二十六歲／攝影師／劉先生

那些被原生家庭困擾的人，總會提到自己也曾有好多想追尋的理想，但都在每次與家人的爭執中逐漸消逝。曾經覺得適合自己的生活方式，已經離現在

好遠好遠。[3]

感覺自己好像活在別人的人生：考上值得炫耀的學校、成為可以拿來說嘴的工程師、嫁給經濟穩定的醫生、隱藏自己的多元性向或性別認同，當個古意又孝順的孩子。有時，甚至壓力的根源不只來自父母，也來自兄弟姊妹、七嘴八舌的親戚等，越重視與親近家人的關係，反而越容易受到影響。

從原生家庭延伸到職場上的壓抑

那些人真的沒有選擇的機會嗎？好像也不是。但在與他們對話的過程中，卻能明顯感受到，他們不認為自己有所選擇。**從小到大的體制中，沒有人告訴他們，「主動選擇」或「和其他人不一樣」，都是被允許的。**

或許，曾有某時某刻，他們內心深處有一絲想為自己做選擇的動力，卻很快就被壓抑下來：「爸爸媽媽從小到大養你這麼辛苦！」「你怎麼可以這麼自私？」每當做出選擇，就得背負罪惡感。於是，漸漸把「壓抑自己」與「尊重家長」畫上了等號。「不做選擇」成為了他們的選擇，乖乖聽話、繼續做個不吵不鬧的好孩子。4

這種「關係」之間的束縛與壓抑，更可能延伸到職場上。有些人即使想離職，卻因為同事、主管的挽留而感到愧疚，遲遲無法下決定：「如果你走了會很難排班欸，現在新人可不好找。」「團隊沒有你會影響很大欸，你要不要再考慮一下？」「這樣離開很不負責任欸，對你的未來發展沒有任何好處喔！」這些話，讓自己在職涯選擇上開始猶豫不決，但考量的不是哪種型態的工作更適合自己，而是離開會不會連累別人。

「唉……我就覺得走了真的會害到他們。最近真的很缺人手，大家也都跟我一樣在苦撐。我累、同事累、主管也累，大家都很無力。我離開的話只會增加他們的困擾，我憑什麼這麼自私，選擇對自己好的方式，所以就決定還是忍受一下、再留一陣子好了。」

——二十三歲／餐飲業服務生／陳小姐

壓抑心中真正的渴望、藏起委屈，就像過去一直以來的自己一樣，只能低聲嚷嚷：「阿所以現在是怪我囉？」這些委屈都成了彼此溝通的阻礙，勉強自己滿足他人期待而產生的負面感受，讓自己在長期累積之下，變得越來越無助。[5]

無助不是結果，而是習慣

「無助」是每天不斷讓出自主權所累積的一種「習慣」。

在成長過程中總是聽話、壓抑自己的感受，於是在長大後，就算遇到可以自行決定的情況，也總會委屈自己，將人生的掌控權交給別人。

等待同事的改變、家人的認同、景氣的復甦、政府的輪替，被數不盡的抱怨和無力感環繞，似乎任何痛苦悲傷都由不得自己決定。

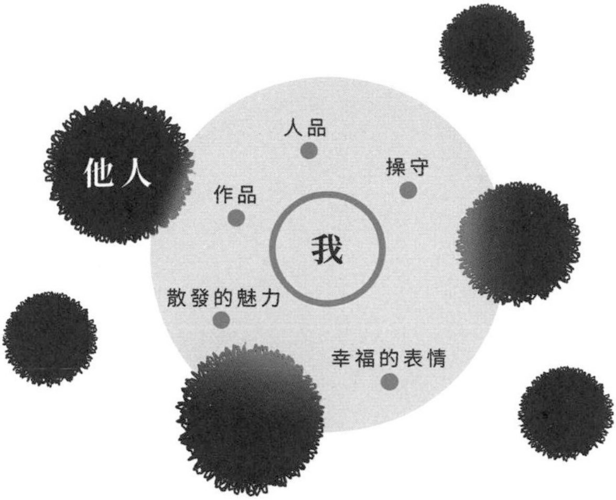

與其用言語說服，不如以行動證明

要創造改變，與其去說服別人、講得口沫橫飛，不如直接擔起責任，以行動證明自己的方法確實可行。**以人品、操守、成果、幸福的狀態、散發的魅力，讓別人將目光主動轉向我們，渴望了解這究竟是怎麼做到的。**

當我們願意負責的範圍越大，便能開始意識到自己所做的每個行動，其實都影響著身邊的人事物。就連每天微小的消費行為、一則五星好評，都代表著對周遭的認同，潛移默化地在形塑著自己的理想世界。

這種逐漸擴大責任的過程就是**「當責」**。知道周遭的每一件事都與自己有關，不只是被分派到的部分，還包括自己有機會改變的事。[6]

「以前的我總是很害怕犯錯，一想到可能做錯，會被別人嘲笑或瞧不起，就不敢承擔責任。但很矛盾的是，我又很想成為一個領導者，這當中的拉扯讓我承受很大的壓力。

不過後來，隨著犯錯的次數越來越多，我發現坦承錯誤是一件很有效率的事。比起花費過多時間避免犯錯，或不承認錯誤，更省時也更自在。後來，我甚至會把下屬的責任都擔起來，認為下屬沒把事情做好我也有責任，因為我其實有機會和對方好好溝通，請他把事情做好，而且當初也是我面試他進來的。這些責任範圍的改變，都讓我活得更加自信。」

——三十六歲／行銷總監／李小姐

把主導權拉回自己身上，知道自己有能力做出改變。同時了解就算犯錯，只要坦然面對、承擔起責任，並做出修正就好，人人都會犯錯，這沒什麼大不了的。

不過，當責的前提在於「**雙方都心甘情願**」，任一方不情願都會成為「過度負責」。如此一來，不僅會讓自己很累，付出的努力也不見得幫得上忙，甚至對方也不把這份好意當一回事。

過度為他人負責，導致同理心疲勞

太為他人著想卻常常不被看見，可能會導致「同理心疲勞」，反倒出現「為什麼我付出這麼多，對方都看不見」的心情。[7]

別人不一定會改變，但你可以允許他們不改變

世界不會和我們想的一模一樣。每個人都有自己的人生。大部分人都是

在有限的思維中生活，以累積多年的價值觀在做決定。即使不認同，也不需要去努力說服別人。

你不需要等待他們改變，甚至也不需要期待對方改變對待我們的方式。因為**別人對待你的方式，大多取決於他們是怎樣的人，而非你是怎樣的人**。等待別人改變，只會讓自己的生活變得複雜。[8]

允許別人不改變，因為責任不在我們身上。只有當事人自己想改變，改變才可能發生。想痛苦的人，會刻意創造折磨人的思想來讓自己受苦，誰也無法拯救他。有句梵文諺語是這麼說的：「Kashtasya sukasya nakopi data.」——**沒有人能帶給你幸福或悲傷，所有的感受都是由自己的思想所創造的**。[9]

即使付出曾換來背叛，也不要丟失自己的良善

曾熱情付出卻被冷漠以待，曾過於善良卻遭無情背叛。

這種經歷會讓人開始認為「給予就代表自己有所損失，善良本身就是一

種吃虧」。所以寧可當個冷漠無情的人，自掃門前雪，顧好自己就夠了。

然而，眾多研究結果都顯示，「給予」可以獲得更多機會。在事業上取得巨大成功，且在生活中維持穩定、快樂的人，往往都是「給予者」。[10]

那麼，其中不被掏空的要訣是什麼呢？《逆思維》作者亞當·格蘭特曾為此做過相關研究，將「給予者」分為兩類：

①底層給予者（selfless givers）

缺乏對自己的關注，總將他人利益放在自身利益之前。耗盡精力和時間，卻反而變得貧困且疲憊，成為被掏空的受害者，無力去維持給予的行為。

②頂層給予者（otherish givers）

專注於幫助他人，但也會注意自己的利益。盡可能「達成共好」，透過「雙贏」的方式幫助別人，與人們共同創造長遠的價值。

頂層給予者

#付出#利他#放大共同利益

樂於分享、與他人合作
專注於如何達成共好、雙贏
設定界線，知道如何照顧自己

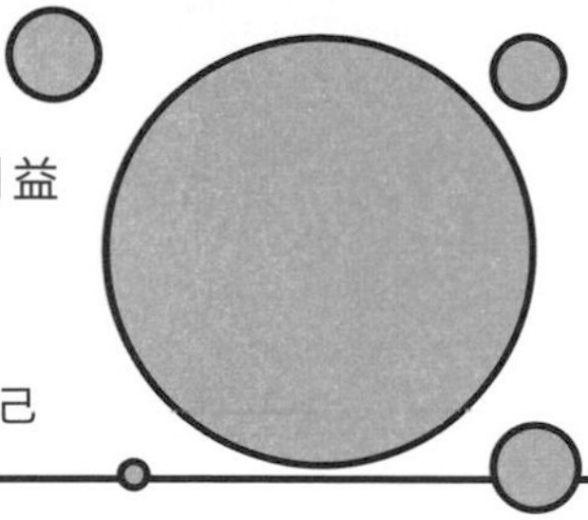

索取者

#競爭#占有#得失心

只注重自身利益
優先考量的是
自己能不能從中獲利

互利者

#公平#利益交換

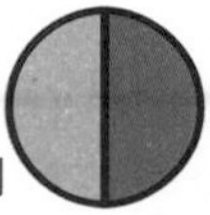

專注在利益交換
為了可預期的好處
願意付出相對的代價

底層給予者

#犧牲#無設定付出界線

為了他人的利益而不惜犧牲自己
容易遭人利用
生活較為貧困

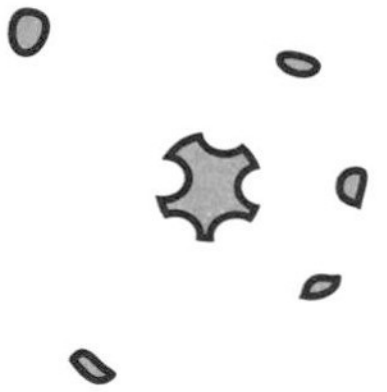

這兩者的關鍵差異在於，「頂層給予者」知道如何照顧自己，在**給予的同時也懂得畫清界線，與「索取者」保持適當距離**，而不至於被利用、榨乾，相對來說更能長期維持「給予」的行為。[11]

很多時候，大家對**善意的界線是處於模糊狀態**，以至於會被看似更有力的說法動搖，委屈自己擔負起無法承受的良善。即使願意付出、有能力付出，也不求回報、不為了金錢、感謝或讚譽，也不代表我們必須無底線地犧牲自己。[12]

「有個同事每個連假都會找我代班，因為她知道我很宅，連假不太會去哪裡玩，而且我也很好說話，幾乎都會答應。漸漸地，她把我連假幫她代班的行為視為理所當然，我是有點不開心，因為這也是我的假期，我願意幫忙不代表我總是必須犧牲。

所以上次中秋節，我就決定要拒絕代班。說出口時，她滿臉錯愕，然後用委屈的語氣說：『蛤！怎麼可以，你之前不都會答應嗎！我旅遊行程都已經排好了耶！你不早說，這樣突然改變讓我很難安排！』當下我也不知道怎麼反應，想了想，覺得她說的好像有道理，所以我又幫她代班了。」

——二十九歲／電話客服／王先生

善良是一種選擇。缺乏界線的善良會讓付出變得廉價，讓自己被不恰當的關係利用。該拒絕就要拒絕，要知道自己可以付出到什麼程度、明確知道自己的界限，三秒內就要決定是否該答應。這才能讓自己有辦法維持更長久的給予能量。

付出時請務必保持真實，並確保自己享受給予的過程。無須給出自己擁有的一切，也不必假裝成別人，試圖用虛假的方式給出不屬於自己的東西。最具價值、最有力量的永遠是真實，這才是真正觸動人心的祕密。[13]

覺察思維

◆許多父母從孩子出生，一路到高中、大學，甚至出社會、結婚，都為孩子決定好大小事。那些時常掛在嘴邊的「我還不都是為你好！」都讓子女備受壓抑。

◆從小到大的體制中，沒有人告訴我們「主動選擇」或「和其他人不一樣」都是被允許的。「害怕成為自私的人」，反將使自己無法做出最合適的選擇，只能低聲嚷嚷：「阿所以現在是怪我囉？」

◆無助不是一種結果，而是一種習慣，是每天不斷讓出自主權所形成的。習慣壓抑自己的感受，總是委屈自己，把人生的掌控權交給別人。

◆影響別人最有效的方式，不是用言語解釋，而是擔負起責任、透過行動證明自己的方式確實可行，讓別人主動想了解你是怎麼做到的。

◆我們的每個行動都會影響身邊的人事物，潛移默化地形塑自己的理想世界，這種逐漸擴大責任的過程，正是「當責」。

◆世界不會和我們想的一模一樣。每個人都有自己的人生。大部分人都是在有限的思維中生活，以累積多年的價值觀在做決定。即使不認同，也不需要努力去說服、對抗。

◆別人對待你的方式，大多也取決於他們是怎樣的人，而非你是怎樣的人。試圖改變別人，只會讓自己的生活變得複雜。

◆沒有人能帶給你幸福或悲傷，所有的感受都是由自己的思想所創造的。這樣的責任感所帶來的不會是壓力，而是不再由他人控制的自由。

◆為他人著想所換來的委屈，也慢慢掏空了我們的良善，進入「同理心疲勞」的狀態，認為善良本身就是一種吃虧，所以寧可當個冷漠無情的人。

◆善良是一種選擇，但缺乏界線的善良，會讓付出變得廉價。在給予的同時也懂得畫清界線、不被榨乾，更能長期維持「給予」的行為。

自我提問

糾結的關係相處模式

↓

關係的當責

回想一下，上次那個讓我受制於關係而無法做出的選擇

↓

當中發生了什麼事？

↓

對方有什麼需求和期待？

↓

當時我是如何回應對方的期待？

↓

如果能重來，我覺得當時怎麼做比較符合「適當的給於範圍」？

↓

當中哪些部分，是對方本來就不容易改變，而我願意先為改變負責的？

↓

開始負責後，可能會以什麼形式慢慢影響對方？（人品、操守、成果、幸福的狀態……）

第五章

創造初始行動

「只要我不去做，就不會不完美了吧？」

早晨，從床上緩緩爬起，喝杯溫水、沉澱一下。這個習慣已久的早晨儀式，總能讓自己擁有更清晰的思緒及更積極的心態，以更好的狀態迎接新的一天。

打開筆記本，翻一翻十分鐘後要進行的教練對話筆記：

擔任資訊業主管的維峻，察覺到自己無法在工作時欣賞身邊的人，也很難與下屬拉近距離，在同事眼中是很嚴格的人，總有一套自己的高標準。目前正在嘗試改變，以每天記錄感恩的事學著欣賞和同理，調整過度要求他人的個性。

（叮咚！某位使用者想加入這場通話）

教練：「嗨，維峻，早安。」

維峻：「早啊。」

教練：「今天的狀態還好嗎？」

維峻：「嗯……還行啦。但這幾天嘗試寫日記記錄感恩的事，還是覺得卡卡的。」

教練：「可以多跟我分享一下，是哪裡感覺卡住了呢？」

維峻皺了一下眉頭說：「不太知道怎麼寫才正確，或是說，不知道什麼樣的感謝比較值得寫。

「然後，也覺得好彆扭，就不像我會做的事吧。還有想做出不同的改變，想更快有一些實質上的進展。」

教練：「維峻有這樣的覺察很不錯耶，可以多跟我聊聊，你想做出什麼樣不同的改變嗎？」

維峻：「我想嘗試用寫小說的方式進入不同角色，去同理他人心境！」

維峻臉上露出興奮的神情。

「我不想永遠待在資訊業，我一直都想成為一個兼職的小說家。但想了好久，到現在一個章節都出不來，覺得自己很廢。就在想，會不會我根本不適合走這條路。」

教練：「如果今天要設定一個目標，能幫助你開始寫作，你覺得會是什麼目標呢？」

維峻搔了搔頭：「嗯……我不知道，每次寫個幾句，就覺得自己寫得很爛，然後就會陷入那種覺得自己不夠好的狀態，整個晚上這樣想著想著就沒了。我想這跟我的高標準或完美主義有關吧，所以到現在，只有工作上的事做好，其他事卻從來沒有真正開始過。」

談到這裡，真的覺得現代人的自我要求越來越高。像是眼前的維峻，不僅要做好資訊主管的職務、拉近與下屬的關係，還想成為斜槓小說家。

然而，這些複雜的目標安排背後，都必須從「最小的第一步」開始。如同早晨的第一杯溫開水，用簡單的方式開啟一天的序幕。**是怎樣的心態在不斷阻礙自己？又該如何配合自身所需，負起工作和零碎時間的責任？**

總是擔心不夠完美

「我對各種事情都有興趣，但要精通真的好難。我的能力距離所謂的專業門檻真的好遠，每次就覺得，唉，還是放棄好了。」

——二十五歲／舞台劇演員／張先生

很多計畫之所以無法開始，多半是因為擔心結果不夠完美。想盡快找到「理想」的工作、快速達到「專業」的標準，因此總覺得事情很難、很遠、很複雜。即使開始做了幾次，卻常因為得不到正向回饋，就開始懷疑自己。[1]

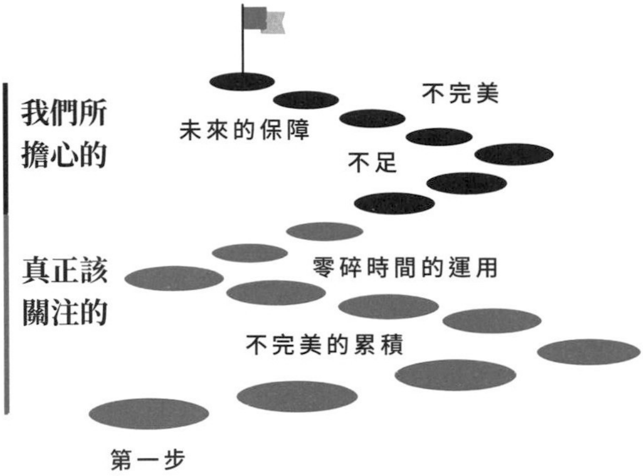

然而，**很多事往往在達到「改變的臨界點」之前，都是看不出成效的，甚至會覺得自己像是在浪費力氣。**

試想，吃鍋貼時如果把目標設為「吃飽」。吃第一顆時不覺得飽，吃第二顆、第三顆，也都還不會產生飽足感，直到吃下第十五顆，才真正達到想要的飽足感。這不是「第十五顆」鍋貼的功勞，也不會因為第十五顆鍋貼的口味是鮮蝦、韭菜或辣味而有所不同，而是第一到第十五顆每顆鍋貼所累積出來的飽足感。然而，在這之前，**最重要也最困難的——是先選出讓自己能獲得滿足感的食物。**[2]

成長正是由「不夠完美」累積而來

所有**成長**都是由**不夠完美**累積而來的。

在AndAction社群帳號追蹤數剛破萬時，有很多朋友來問我們是如何做到的，不斷詢問我們的「漲粉攻略」「行銷技巧」或「爆紅法則」。雖然用力回想，但還是沒想出什麼結論。

回想剛開始用很簡單的文字（**不夠完美**）發出了第一篇貼文，獲得了幾十個讚，就覺得還不錯，至少有人願意看。

有時在做圖時，還會因為沒裁剪好（**不夠完美**），把帶有白邊的圖發了出去而覺得後悔，可惜貼文沒有重新編輯的功能。

有時候觸及率持續低迷，便開始以不同主題的標籤、沒用過的限時動態版面（**不夠完美**），看看有沒有辦法提升演算法成效。

不懂設計，就先以自己現階段能做到的程度做看看（**不夠完美**），說不定大家喜歡。

即使工作了一天有點累，但為了明天要發的貼文，還是得趕在晚上十二點前先弄好一版文案、懶人包，及抽獎機制（**不夠完美**）。

每次的改變或許看似不完美，也不確定能讓成效變得更好。但還是得繼續試、繼續研究、繼續挖掘大家的喜好、繼續認識新的演算法，認清生活的本質就是不斷改變。

可惜的是，很多人忽略了這些嘗試的過程，認為只要得知一套完美的行銷技巧便可成功。過度放大成功的樣貌與成就的關鍵，以為找到能快速通關的「捷徑」，一切就將變得完美。[3]

沒有所謂完美的工作

不想走彎路、想以最快的方法達成目標，是十分常見的想法。我們最常遇到的議題，就是在找工作或轉換工作的情境中，期待有個「完美」工作——高薪、有發展性、名聲響亮，最好能讓身邊的人都羨慕自己。像是很多人和我們聊到：

「如果我能進入知名的外商公司，我就能大翻身、讓自己的身分變得不一樣。別人就會開始用欣賞的眼神看我。但人力銀行滑了一輪，都與自己心中理想的工作有差距，不是薪水不夠高，就是發展不夠好。」

——二十四歲／待業中／劉小姐

我們總以為只要找到理想工作就會一切順遂，然而，適合的工作都是經過一次次求職、轉職，在反覆的自我對話與和現實核對中慢慢打磨成形的。

事實上，找到合適工作的歷程通常會像這樣：投遞了好幾十份職缺、被拒絕了將近半數，繼續花時間積極了解自己未來想要的方向、工作觀，與價值觀，修正之後繼續遞出履歷。終於找到工作後，在工作期間探索自己想要的組織氣氛與工作型態。在考慮離職時，思考自己喜歡這份工作或這間公司的原因是哪些、不喜歡的部分又是哪些。有時也需學習新技能，勇敢轉換領域。試了再試、最後才終於如願以償，從事一份自己也覺得挺適合的工作。

不用期待能從事「完美工作」，每份工作都有需要承受的挑戰，以及不那麼美好的現實層面。**值得思考的是，自己想在工作中獲得什麼？又願意承受怎樣的不完美**？[4]

把厭倦現職的心力，放在尋找新工作上

隨著工作型態的變化越來越大，人們不再認為工作是人生的唯一。每個工作者都有自己想留在這份工作的理由，可能是因為房貸、維持日常生活所需，也並非人人都想升職、加薪、當上本月最佳員工。**每個人對「工作的意義」以及「工作成長的期待」越來越模糊，認知方式也越來越多元及異質化**。

然而，很多職場環境都有鼓勵加班的潛規則，期待更多的競爭與更多的生產力。甚至期望員工以普通的薪資去負擔更大的工作量，以單一的標準考核員工的價值。然而，這真的是每位同仁心中一致認同的想法嗎？[5]

「找到這份工作的時候，人資一直強調公司氛圍很好、福利很好，會

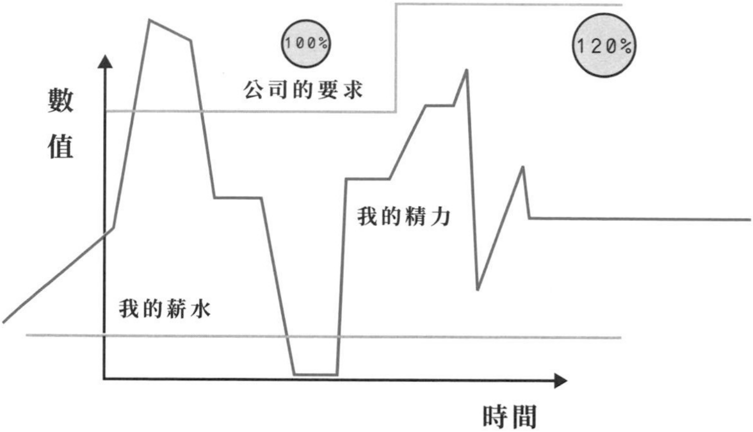

常常提供免費零食和舉辦下班後的活動。但待了一年後，我發現公司表面上鼓勵員工適度放鬆，本質卻是無止境的奮鬥。身邊永遠圍繞更多比你更好、更聰明、做更多事的人，如果沒做那麼多工作反而會覺得愧疚。那些吸引求職者的好福利只是幌子，重點還是公司文化。」

——三十歲／產品經理／宋小姐

身體到了公司，心卻不在這裡

在高壓力、高期待的工作環境，員工的內心感受沒被照顧到，也沒被給予相應的薪資和報酬。更大的壓力及更少的成就感，是多數人厭倦工作的原因。身體到了公司，心卻不在。每天只做最低限度的工作，如果可以偷懶，絕對不會多做一點事。

種種跡象看來，都讓人感覺這些員工應該會很想離開、尋找下一份工作，但事實並非如此。雖然討厭，多數人仍不會選擇離職。6

「我會擔心自己沒辦法找到更好或至少同等級的工作。萬一做出錯的選擇，過去的努力好像就都白費了。與其這樣，還不如留在公司當個社畜，能偷就偷、盡力撐過一天。被主管罵了的話，下班再看劇、吃頓好的，補血一下就好。每天我都在期待星期五快到，這樣就可以放假了。這樣的生活說不上太好，但也還行啦，日子也只能這樣啊。」

——三十三歲／廣告企畫／趙先生

對未來的恐懼與不確定，經常是大家寧可屈於現在的主因：現在的工作雖然稱不上好，至少對未來有保障。

然而，事實真的是這樣嗎？

沒有永遠的保障

過去時代會認為讀什麼科系就該找什麼工作，在同個職位中努力直到退休，「一份穩定的工作」就是當時最好的保障。

一九九〇年代時，人們開始意識到需要更長期的規畫，於是開始仿效部分成功人士的升遷方式，「完整規畫的生涯道路」成為當時最好的保障。

到了二〇〇〇年之後的現在，社會變動越來越快，看似長期、穩定的規畫不斷被打破，再穩定的工作也隨時有被顛覆的可能。因此，**現代工作者更需要考量的是「社會變動」與「人生的複雜性」，更需要順著機緣前進，才有機會為自己做出相對合適的職涯規畫**。[7]

我們以為的「保障」，在未來都可能被削減至不復存在。以這樣的角度來看，犧牲對工作的熱忱及理想的生活品質以換取期望的「保障」，是否真的值得？

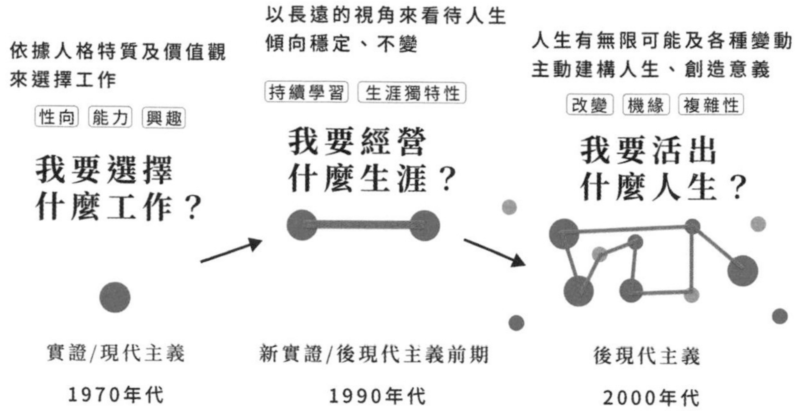

這種追求「經濟保障」的思維背後，經常正是「對生存的不安全感」：擔心現在無法維生、十年後被工作綁架、二十年後面臨財務困境、三十年後無法退休……對金錢持續產生沒來由的匱乏感。

甚至，在賺取了足夠的金錢、滿足了物質需求、生活有了餘裕後，仍恐慌、焦躁，連做夢都會夢到錢不夠用。無法安心入睡，深陷追逐金錢的狂熱中無法抽身。[8]

「有段時間我過於沉迷投資理財，每天都在想要怎麼滾出更多錢。那陣子甚至一直夢到自己因為投資失利、虧本虧到淪落街頭，連覺都睡不好。」

——三十五歲／美甲師／朱小姐

然而，看待金錢的適當方式，是把錢放在口袋裡用，而不是放在腦袋裡煩。**了解金錢的本質和用途，用金錢投資自己、擴展視野，將金錢用作提升生活品質的工具**，而非為了炫耀、為錢煩惱，盡是拿它來折磨自己。

將有限的自由，填補上屬於自己的元素

沒錢、沒事業的同時，最害怕的，就是沒時間。

事實上，**「忙碌」不是一種狀態，而是一種思維模式**。評估能否撥出時間，通常也取決於事情是否足夠重要、能否為自己帶來快樂，或能為之振奮。足夠有吸引力，自然擠得出時間去做。

這樣被七拼八湊擠出的時間，正是每個人都擁有的自由。再怎麼忙，一天工作十幾個小時，還是能撥出些許自己的時間；身邊人再如何占滿自己的

生活，仍能空出零碎時間去做自己想做的事。[9]

這樣**「有限的自由」不僅是時間上的自由，更包含了精力上的自由、意志上的自由、環境上的自由，以及資源上的自由等**。有人時間彈性較大、有人能使用的空間較大，每個人都必定擁有某種程度的自由。如何有效率，並有意識地主動運用、管理，甚至逐漸擴大這些「有限的自由」，正是我們有機會翻轉生活的關鍵。

專注才能擁有自由

然而，我們往往忽略甚至遺忘自己擁有的自由，因為生活中總有數不清的瞬間讓人陷入分心的陷阱之中。這在心理學上被稱作「思緒漫遊」，是某種意義上的白日夢。它讓我們的思緒，在無意間飄離手邊正在進行的種種，難以專注於當下。[10]

「不專注」會降低生活滿意度。影響生活滿意度的因素不只取決於「正在做的事」，更會因為我們的「專注程度」而有變化。無論分心的目的為何，刻意或無心，「分心」的行為本身就會減損滿意度。[11]

即使分心的目的是由於需要「多工處理」、同時去做兩件重要的事，也無法因此更有效率。不論認為自己多善於「多工」，聽音樂的同時可以邊工作、準備報告還可以抽空查看訊息，都必定會增加時間成本且降低效率。[12]

想要專注，就得先了解「心流」——專注於當下的最優體驗。心流發生的前置條件是**認知到自己是有權選擇要做什麼、不做什麼，而不是被各種雜亂思緒牽著走**。簡而言之，關鍵就在於「清空思緒」。思緒混亂時，試著先將腦中的所有想法以紙筆記錄下來，之後再來回顧。這樣的方式能幫助我們維持清晰的心智狀態，主動選擇當下要專注的目標事項。[13]

可以去做每件事，但不是每件事都去做

現今，人人可以自由選擇想成為什麼樣的人、做任何想做的事，但要達成目標，終究需要逐項落實。與其漫無目的地完成很多事，不如全然投入於當下、專注完成一項目標，將「有限的自由」都填補上與未來理想相關的

元素，就有可能去撐大這些有限的自由，脫離窮忙的生活，體會到**時間的富裕**——擁有足夠的時間，且能完全支配、運用這些時間，自由決定要過得慵懶或充實。

「擔心不夠完美」只會更難前進。**認為只要達到一定的成功，自己就會更有價值。然而，世界的運作邏輯卻完全相反——當你創造出足夠的價值，才會獲得一定的成功**。從古至今，任何成就非凡的人，都不是因為達到了某個關鍵成就，而瞬間變得有價值。[14]

諾貝爾文學獎得主卡繆，在《異鄉人》之前的每部作品，評價都不怎麼好。那時的卡繆，看起來就只是個沒前途的殖民地青年，然而，他仍持續從各方面汲取經驗、反覆修改稿件，出版時還遇到世界大戰，面臨紙張管制等困難，最後才打磨出文學鉅作。

花費十六年才完成〈蒙娜麗莎〉的藝術巨匠達文西，個性易分心、愛拖延，日記上還寫著自己是人生失敗者。然而，橫跨各種領域、持續追求旁人不會注意到的細節，也因此讓達文西成為歷史上偉大的跨領域巨擘。

不願放過每次機會，失敗就再試一次、再站起來就好。為了達成理想的生活和目標，願意犧牲部分娛樂、比別人再多付出一點。願意為了長期目標付出，不在意短期看似沒成果的努力，因此才能獲得巨大的成功。

成功只是附帶的收穫，過程中的跌跌撞撞才是最有價值的體驗。有天，當生活終於慢慢變成自己想要的樣子時，你會知道，這不是運氣，也並非偶然，而是扎扎實實、環環相扣的努力的結果。不要只是花時間去期待未來，過好每一天、每一天都去做自己認同的事，盡可能讓自己快點展開行動、不要等待。那扇門終究會為你打開！[15]

覺察思維

◆計畫難以開始，多半是因為擔心結果不夠完美，然而，很多事往往在達到「改變的臨界點」之前，都是看不出成效的，甚至會覺得自己像是在浪費力氣。

◆我們總以為只要找到理想工作就會一切順遂，然而，適合的工作都是經過一次次求職、轉職，在反覆的自我對話與和現實核對中，慢慢打磨成形的。

◆不用期待能從事「完美工作」，每份工作都有需要承受的挑戰，以及不那麼美好的現實層面。值得思考的是，自己想在工作中獲得什麼？又願意承受怎樣的不完美？

◆現代社會的變動快速，將使再穩定的工作也隨時有被顛覆的可能，我們以為的「保障」，在未來都可能被削減至不復存在。

◆ 把錢放在口袋裡用，而不是放在腦袋裡煩。了解金錢的本質和用途，用金錢投資自己、擴展視野，將金錢用作提升生活品質的工具，而非為了炫耀、為錢煩惱，盡是拿它來折磨自己。

◆ 「忙碌」不是一種狀態，而是一種思維模式。評估能否撥出時間，取決於事情是否足夠重要。足夠有吸引力，自然擠得出時間去做。

◆ 再怎麼忙，仍會有某時某刻能空出些許零碎時間，去選擇做自己想做的事。這樣「有限的自由」有人多、有人少，但每個人都一定擁有。

◆ 影響生活滿意度的因素不只取決於「正在做的事」，更會因為我們的「專注程度」而有變化。無論分心的目的為何，刻意或無心，「分心」的行為本身就會減損滿意度。

◆ 有許多人認為，只要達到一定的成功，就會變得有價值。然而，世界的運作邏輯卻完全相反——當你創造出足夠的價值，才會獲得一定的成功。

/自我提問/

看似無法改變的工作模式

↓

工作的當責

目前的工作有哪些不完美、不夠好的地方？

↓

承受這些不完美，對未來會有什麼好處？

↓

我是為了什麼而留在這份工作中？

↓

如果在未來有更好的工作選擇，
會需要包含哪些元素？

↓

我需要做出哪些行動，
才能獲得這樣的工作？

/自我提問/

永遠不夠用的一天

↓

零碎時間的當責

在一天之中，我能擠出哪些零碎時間？

↓

擁有零碎時間時，我有哪些事想做？

↓

在以上事情中，如果只能選出一件最重要的事，那會是什麼？

↓

我願意為了這件事犧牲什麼？

↓

在需要專注時，哪些分心的事物是我該移除的？

↓

可以怎麼移除？

第六章 發揮內在動力

「提不起勁，不是我的本性」

夜幕降臨，兢兢業業的上班族開始了屬於他們的自由時光。有人拖著疲累的身軀回家，被職場的繁忙緊湊消耗了大部分精神心力後，只想癱在那裡放空、躺在沙發滑過一則又一則短影音；有人則趁著夜晚的零碎時間，稍作休息後持續進修、充實自我，甚至準備開啟新的斜槓事業、經營自媒體和品牌社群。

眼前的客戶詠晴，原本也是屬於前者——躺在沙發上的族群，但她不想一直這樣下去，想找出方法，試圖讓自己開始改變。

教練：「詠晴，我從你說話的語氣感受到你有點疲憊，是嗎？」

詠晴：「對啊，下班回家做什麼事都覺得好累。」

教練：「辛苦你了，下班要做出改變真的很不容易。」

詠晴嘆了口氣：「唉，對啊。」

教練：「那你對最近開始嘗試的畫畫練習，有什麼樣的感覺呢？」

詠晴：「是有開始畫了幾次，但下班後就提不起勁，什麼事都不想做。「看到別人做完工作還可以開啟下班後的第二人生，就覺得很羨慕。常常在想，是不是我天生的意志力和體力就比較差？」

教練：「那目前下班都是怎麼過的呢？」

詠晴想了想：「最近就想追劇吧，一集接一集停不下來，然後整個晚上就沒了。」

教練：「我很好奇，剛剛提到下班後很累，那在追劇時會比較有精神嗎？」

詠晴：「嗯……好像是耶，很矛盾吧哈哈，看劇的時候好像就特別有動力，所以可能也是看事情吧。」

突然想起能量飲料的廣告，如果真能喝一口就活力百倍，甚至能獲得一對翅膀，該有多好！**讓人保持源源不絕精力的祕訣到底是什麼？對於我們這種懶惰易累族，該怎麼為自己的動力負起責任？**

懶惰易累族的精力管理

每個人都曾有過提不起勁的狀況，明明有很多事情要完成，身體卻像不能由自己控制般，只想做些無關緊要的事。於是便開始責怪自己，自責是不是自己天生懶惰、專注力比別人差，才無法產生動力去做「正事」，沒來由地給自己添加焦慮。

然而，事實並非如此。試著在生活中觀察那些容易讓自己產生動力的事：一集又一集地追劇；停都停不下來的線上遊戲；一不注意就滑了一、兩個小時的短影片。很明顯地，或許**缺乏動力並不完全是因為懶惰本性，與「事情本身」也有極大的關聯**。

不過這也很讓人苦惱。那些讓人不由自主不停做下去的事，往往不是我們認為真正該做的事。再者，外在刺激往往只能維持短暫的動力，刺激結束後，身體反而會更加疲累、空虛。這是由於表面刺激只會帶來短暫的快感，並沒有真正深入人們的內在需求，無法提供真正令人振奮的動力及滿足感。[1]

「明知道看劇、打電動、滑手機不會讓人生變得更好，我還是想這樣耍廢個幾小時。因為光是想到上班上了一整天，下班還要努力花更多時間做些有意義的事[2]，就覺得人生好難。」

——二十六歲／髮型師／馬先生

只要有放鬆的時間，大部分的上班族和工作者，應該都只想癱著好好休息，「只想廢，不想努力了」。然而，也經常在事後又心虛地認為自己這樣很糟糕，覺得這樣耍廢很不應該，只有努力、高效、高產出，才是值得被表揚的行為。

越努力真的越好嗎？

過度努力地長時間工作，讓我們耗盡了能量，也將自己暴露於身體、情感和心理問題的高風險中。讓生活更好的關鍵不只有更努力地工作，而是更聰明地運用，及維持自己的能量。[3]

績效心理學家詹姆斯・洛爾（James E. Loehr），基於三十多年對精力管理的研究，提出「精力管理金字塔」的概念，說明**只需要關注「精力」，而不是更多時間的「努力」**。個人精力會被「體能」「情緒」「注意力」及「意義感」四個面向影響，所看、所聽、所聞、所嘗、所想，飲食、五感體驗及思考方式，都會影響我們的精力。

① **體能**：精力的基礎，主要受飲食、睡眠及運動影響。常吃速食、攝取

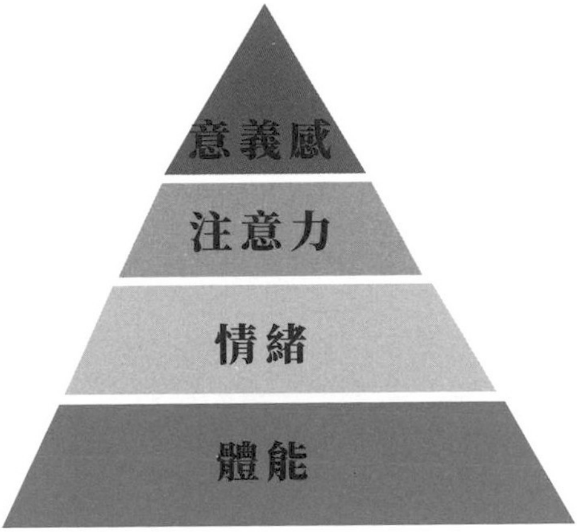

過量咖啡因等，都會讓體能變得更差。[4]

②**情緒**：過度生氣、抱怨、焦慮等，都將使情緒消耗精力。[5]

③**注意力**：滑手機、看哏圖、逛網拍、聽八卦，當我們被這些事情奪走注意力的同時，也都在消耗精力。[6]

④**意義感**：漫無目的地過生活，將讓我們越來越缺乏動力。[7]

如果你願意開始察覺，將發現精力並非莫名、突然地消失，而是在每件微小事物上被逐漸耗損。一句「今天好累」，或許可以表達我們的疲憊，卻無

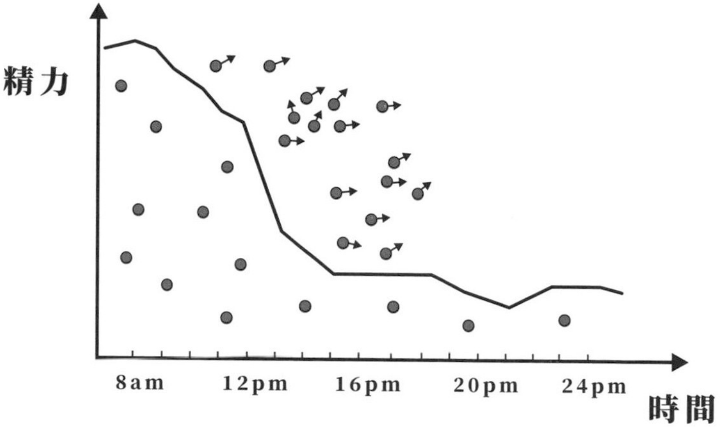

助於我們管理精力。將「累」的原因一一拆解，微觀、深入地分析，將更有助於我們針對不同的原因補足活力。

缺乏「體能」時，可以針對睡眠、運動或飲食方面調整；「情緒」受影響時，可以試著冥想或散步；「注意力」太過發散，則可以減少接觸外界、多留點獨處時間；失去「意義感」，不妨試著重新規畫自己的生活。

需要用什麼方式增加精力，是非常個人化的行為，可以試著感受自己身體的需要：「多少睡眠會讓我更有活力？」「什麼食物讓我比較有精神？」「驅動我前進的動力是什麼？」。藉著

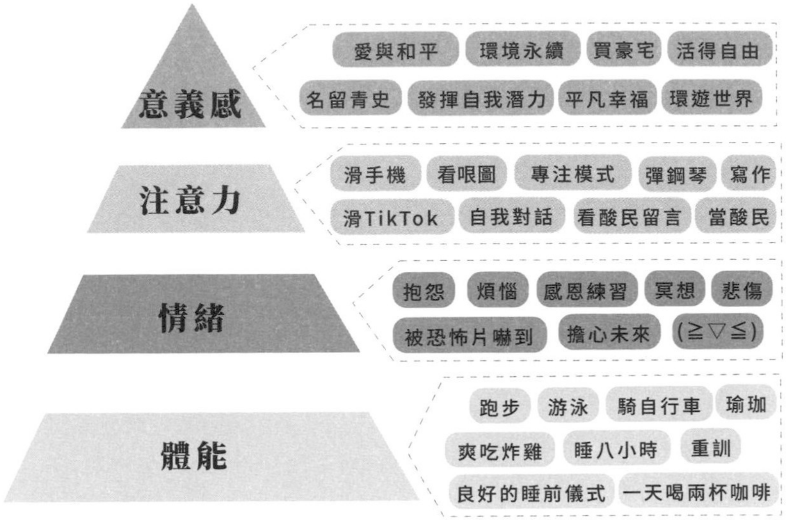

探索內在需求、找到關鍵因素，建立一套屬於自己的精力管理習慣。

有人說，愛因斯坦每天至少睡十個小時、史蒂芬·柯瑞睡九小時、近藤麻理惠睡八小時、馬斯克睡六小時、泰勒絲睡五·五小時、川普睡四小時，這些數據或可參考，但在還不了解自己之前，這對我們來說其實並沒有太大意義。重要的是有根據地找到適合自己的模式，**不需要去模仿別人成功的樣貌**。**看似充實、美好、高生產力的生活不見得適合自**

己，也不一定能在自己的日常中長久維持下去。

從「別人要求我做」到「發自內心想做」

「朋友都覺得我是一個成功的企業家，常常參加各種會議、活動、管理多個專案，好像什麼事我都做得很好。但我卻覺得，那些驅動我前進的動力是源於會做不好的恐懼。我總會怕看到別人失望的表情，所以為了維持好的狀態，只好盡力向前衝，但其實這樣的想法，已經快讓我承受不住了。

我發現自己並不快樂，因為總有一種停不下來的感覺，好像世界一直在推著我前進。我不敢睡太久、停太久，覺得休息是一種奢侈。我覺得很累，卻不能對外表現出一點點疲態。」

——三十四歲／企業家／沈小姐

獎勵和恐懼很容易讓我們產生動力，這也是我們在求學過程中常碰到的方式：考不好會被懲罰，考得好可以吃麥當勞。所以再怎麼累也要考好，爆肝讀書、拚命考出好成績。然而，這種方式雖然短期有效，一陣子後卻會發現，這無法讓我們真心地想去做一件事。想想，學生時期有多少人會在考完試後，還很有興趣去回顧教科書裡的內容？（簡直微乎其微）。有些人甚至因此在心中留下陰影，一旦事情做不好，便會開始自我批判，變得越來越害怕嘗試新事物，甚至再也不碰當初被逼著做的那件事。

探索行動的根源

說到提升動力，通常會很直覺地先關注「如何產生更多行動」：訂定目標、拆解任務、找人監督等，但其實「為何要行動」才是該優先探討的核心——也就是所謂的「動機」。

重要的心理學理論**自我決定論**[8]，就強調了**「內在動機」對於行為的重要**。**純粹享受過程**，感受其中的喜悅及成就感，透過興趣和熱情等內在需求自發地展開行動，找到能從「內在」驅動自己的核心活動，才能維持長期行動，真正感到快樂。

相較之下，**「外在動機」的效果通常難以持久，且更容易產生壓力**。人們會開始認為自己的行為只是為了結果存在，為了追求金錢、地位、名聲、認可或避免懲罰、失敗、批評等，而非過程中的內在滿足。[9]

但若要完全藉由「內在動機」驅動自己、純粹享受過程，確實過於理想化。現實生活中，難免需要為了薪酬、名聲、避免被討厭等「外在動機」在乎結果。因此，或許更適合現代人的方式，是盡可能平衡外在動機與內在動機的比例，讓事件對自己產生意義。

讓動機與自身信念產生連結

讓驢子前進有兩種方式：一是拿著皮鞭抽打，以疼痛鞭策驢子往前；二是在驢子眼前吊掛甘甜的胡蘿蔔，讓驢子聞著食物香氣前進。人類擁有自己的智慧，可以去思考事件對自己的意義，讓事件與自己建立連結，轉而由外向內，由「被動要求」轉為「主動投入」。像這樣的動機轉變，可以分為四個階段。

①報酬和懲罰驅動

為了避免懲罰、獲得獎勵、取悅他人或達成外界期望。

這階段屬於完全受到外在因素的影響，當外部激勵消失或不再具吸引力，就可能失去動力導致無法繼續行動。例如，不好好工作就會被資遣、沒達標就沒有業績獎金，所以我要逼自己趕快做好。

②內心壓力驅動

並非出於內在的自主意願或真正的興趣，而是內在的壓力。

這種動機只是為了避免內疚、恐懼、自我批評，或因自尊和自我價值的匱乏而渴望尋求讚美及關注。例如，把工作做好可以讓同事、主管更信任我，才不會被排擠而感到羞恥或內疚。

③ 自我價值驅動

符合個人的內在價值觀及目標，因此願意主動展開行動。到了這個階段，逐漸開始能串連「被要求的行動」與「自己的內心價值」，認為所做的事其實一定程度地符合自己的價值觀，所以能產生雙贏、互惠的結果。像是雖然工作中有很多困難和變動，但這可以讓自己有更多元的成長，對未來有所幫助。

④ 價值整合驅動

更圓融地考量自己與他人的需要，讓內在自我與外在環境保持和諧與連結。這階段的動機能促進持久且積極的行為，讓行動成為自己生活中的一部分，因此能更有動力及決心地去實現目標。例如，在社群分享專業領域的知識不僅是為了獲取讚數、關注和轉換率，而是因為自己本身就是樂於分享的人，且讓別人有所收穫，也會在自己內心產生強烈的滿足感和意義感，觸發真正的渴望。

像這樣讓動機由外部誘因轉為內在渴望，將使自己更勇於行動、遭遇困難時更有機會突破。此時，生活中有更多是基於自己深刻的認同而去行動的事，因此願意不求獎賞地純粹投入。**相信目標及行動本身的意義，所以願意繼續往前、自發地進行更多探索。**[10]

隨著社會開始走向BANI時代──脆弱性（brittle）、焦慮性（anxious）、非線性（non-linear）、難以理解（incomprehensible）──更多的變動與不確定性，讓許多人因此陷入強烈的無力感而選擇躺平。然而，正是這樣的時刻，人們更需要找出自己內心強烈的熱忱，讓生活過得更加充實、有意義。

如果不知道該如何進行自我探索，讓動機由外轉向內、與自己產生連結，那麼，聽起來有些弔詭，但確實值得慶幸的事是──**「面對生活的混亂」本身就可以幫你探索內心深處的動機**。

混沌世代下，找到自己的深層動機

「如果你還活著，你的內心深處就會喜歡一定程度的隨機性和混亂。」——這是《反脆弱》中的一句話。變動本身就可以幫助我們學習、成長、進化，以及變得更加「反脆弱」——能承受挑戰，從壓力中受益並逐漸強大。

作者納西姆・塔雷伯（Nassim Taleb）認為，經常處於穩定、可預測的環境，可能使個人越發無法應對不可預測的變動，因而在遭受突然的外部壓力或挑戰時，更易於崩潰或慘遭淘汰。

金融危機、政治動盪、新冠疫情，一旦遇上這些黑天鵝事件——難以預測、幾乎不可能但確實有微小機率，且一發生便會引起顛覆性變動的事件——最承受不了衝擊的，往往是長期處於穩定狀態、鮮少承受不確定性的類型。相反地，經常面臨一定程度隨機性和混亂的人，在面對突如其來的變動時，反倒會將外界動盪視為個人改變的契機，當作墊腳石一躍而上。[11]

「過去二、三十年，我都是渾渾噩噩地過日子。跟一般上班族一樣，我不喜歡工作，週一就在等週末，下班就躺在沙發耍廢。直到三十二歲生了一場大病，在醫院整整躺了七十二天。那時，我每天都很恐慌，我不想就這樣離開啊，我還有好多地方想去、還有好多事想完成，這種『好想做點什麼』的感受，在以前從來沒有這麼強烈過。」

——三十五歲／公關經理／鍾先生

我們或許永遠無法當個稱職的樂觀主義者，將工作動盪、生病、意外、苦難，及問題視為「人生的禮物」，事實上，它們看起來也不像。然而，**經歷這些事件獲得的深刻反思，確實是在平穩安逸的生活中無法體會到的難得機會**，能在日復一日的生活中，賦予我們深刻又強烈的動機。[12]

「提不起勁」絕不是我們的本性。

試著找出精力流失的原因，讓活力像河川流回大海一般，重新注入自己相信的事物。精力管理並非要剝奪我們更多的休息時間、用更多的努力再榨

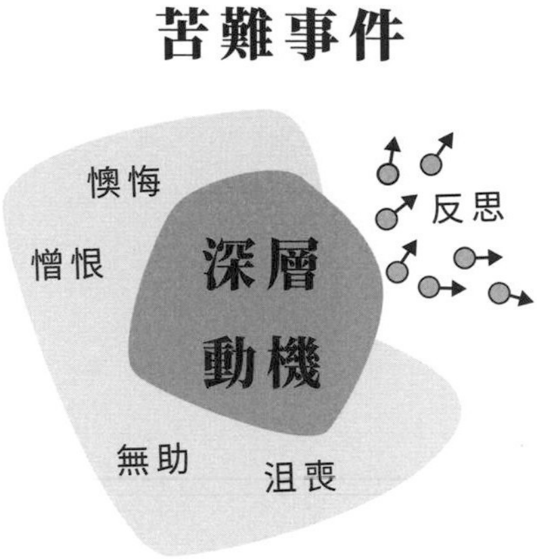

出更多的生產力，而是要讓我們專注於最重要的人事物，豐富自己的人生。

我們都不缺乏更多的機會和可能性，現在擁有的已足夠我們創造不可思議的人生，然而，我們確實需要更有意識地在現有的生活中重新組織自己，為當下的人生負責、為眼前的行動做出承諾，在混沌的世代挖掘最觸動自己的深層動機！

覺察思維

◆缺乏動力並不完全是因為懶惰本性，與「事情本身」也有極大的關聯性。

◆外在刺激往往只能維持短暫的動力，刺激結束後，身體反而會更加疲累、空虛。這是由於沒有真正深入內在需求的事物，通常也無法提供真正令人振奮的動力及滿足感。

◆過於努力反將耗盡自己的能量，將自己暴露於身體、情感和心理問題的高風險中。讓生活變得更好的關鍵，在於更聰明地運用及維持自己的能量。

◆個人精力是由「體能」「情緒」「注意力」及「意義感」四個面向影響，飲食、五感體驗及思考方式，都會影響我們的精力。

◆不需要去模仿別人成功的樣貌，看似充實、美好、高生產力的生活不見得適合自己，也不一定能在自己的日常中長久維持下去。

◆ 獎勵和恐懼很容易讓我們產生動力，短期看似有效，卻無法讓我們真心想做一件事，還可能造成長期的不良影響。

◆ 找到能從內心驅動自己的「內在動機」，才能維持長期行動，並真正感到快樂。但做任何事皆由內在動機出發，確實過於理想化。較適合的方式是盡可能平衡外在動機與內在動機的比例，讓事件對自己產生意義，由「被動要求」轉為「主動投入」。

◆ 人類擁有自己的智慧，可以依據當下的情境，選擇要以恐懼、獎勵、使命，或單純想體驗過程等驅動力來讓自己前進。

◆ 社會動盪時，承受最大衝擊的往往是長期處於穩定狀態、鮮少承受不確定性的人；相反地，當一個人經常面臨隨機性和混亂，外界變動反將刺激他作出改變，就此一躍而上。

◆ 工作動盪、生病、意外、苦難與問題不是「人生的禮物」，但經歷這些事件獲得的深刻反思，卻能賦予我們強烈的動機及使命。

/自我提問/

懶散、疲憊的身心狀態

↓

精力的當責

我可以怎麼改善睡眠品質以提升精力？

↓

我可以多吃（喝）或少吃（喝）些什麼，來提升精力？

↓

我可以做些什麼運動提升精力？

↓

我常因感受到什麼樣的情緒而喪失精力？

↓

怎麼去調適這樣的情緒？

↓

嘗試去意識一天下來，我會為哪些事消耗精力？（查看Email、打開手機、閒聊、打招呼⋯⋯）

↓

如何減少注意力的消耗？

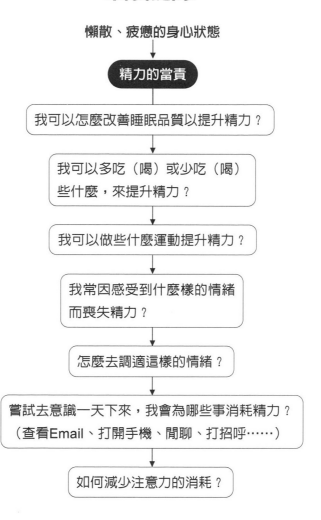

/自我提問/

提不起勁的行動狀態

↓

動機的當責

一天下來，我會規畫去做哪些事情？

↓

逐項思考，我為什麼要做這件事情？

↓

它帶給我怎樣的內在動機？
（能享受過程、感受到喜悅、成就感等）

↓

這件事對我的意義是什麼？

↓

我對完成這件事情的動機有多強？
（1到10分，會落在幾分）

↓

如果能再增加1分，是因為發生什麼改變？

↓

回想一下，曾遇過印象深刻的低潮期和苦難

↓

它所引發的深層動機，讓我更想往什麼方向前進？

第三部

Persistence

持續進展與優化成果

承諾行動
Commitment
自我驅動
實質成長
激發
自我潛力
朝向你想要的未來
成長、改變
自我同理
Acceptance
持續進展
Persistence
內外一致

第七章 賦予經驗意義

「我就爛（才怪！）」

這是一個焦慮的週四傍晚。

正趕著準備等一下要進行的客戶議題，卻聞到同事從夜市買回來的臭豆腐味道，因氣味太濃厚，思緒受到嚴重干擾，內心覺得有點焦慮，心裡不斷出現「臭死了、臭死了」的聲音。

我試著閉上眼睛覺察當下的狀態，但味道依然持續飄過來。然而，此時我卻發現，臭豆腐的味道只是放大了我內心原本的急躁，於是我慢慢沉澱心情，讓這場教練對話伴著臭豆腐的味道進行。

教練：「秉宏，我們來談談你目前的情況。你覺得自己最近為什麼會感到焦慮？」

秉宏：「最近工作壓力很大，團隊的業績也不太好，常常在想是不是我做錯了什麼事，是我不夠努力或不夠聰明。」

教練：「你覺得自己為什麼會有這樣的想法呢？」

秉宏：「可能是因為我想要被認可。我一直很在意別人對我的看法，希望能成為成功的人。」

教練：「那你對自己的看法呢？你覺得自己是一個成功的人嗎？」

秉宏沉默了幾秒，說道：「我不知道。其實我對自己的看法一直很矛盾，有時候覺得自己很棒，有時候又覺得自己很差，越焦慮就越感覺自己很差。一直覺得好像應該做出點什麼。」

教練：「我發現秉宏對自己感受的敏銳度很高耶，能看到自己不同面向的狀態。秉宏剛剛提到，覺得自己好像應該要做出點什麼，這部分可以再多分享一點嗎？」

秉宏有點沮喪地說：「這是我一直都很困惑的問題。我覺得我很喜歡跟人溝通、很喜歡幫助人、也做過不少事，一直很努力沒有停過，但總是看不到自己累積了什麼。

「有種莫名其妙就走到這裡的感覺，但好像就只能走到這了，不知道下階段該怎麼突破。再加上看到更優秀或生活精采的人，就覺得自己活得很無趣，過去的經驗好像都沒什麼用。」

臭豆腐的參與讓這場對話變得更有味道，然而，那些摻雜喜怒哀樂的人生經驗，卻容易被我們用「好像也沒什麼」一言蔽之。在這種「否定過去的自己」的心態下，更可能對不確定的未來產生焦慮。**究竟我們該如何看到自己的累積，並從中賦予意義？又該如何在看似平淡的生活中，讓經驗的價值得以持續疊加？**

焦慮是一種被低估的能量

焦慮是人體的防禦機制，也是一種與「未來」、與「時間」高度相關的情緒。當人們還沒準備好應對即將到來的負面事件，便很容易因為預感到將面臨的處境，而產生擔憂、緊張、不安和苦悶。這樣的心理壓力會讓人極為不適，也因此容易被視為是一種糟糕的情緒。

然而，適當的焦慮不見得是壞事，心理學研究曾指出：「伴隨焦慮而來的心理壓力」和「效率」，呈現的是倒U形曲線的關係，**隨著壓力提升，效率會逐漸增加，直到壓力到達一定程度後，效率表現才會下降**。1

「參加金旋獎音樂比賽的前一個月，我超級焦慮，因為每一屆都會有很多很強的選手，我根本不算什麼咖。但也是因為這種不想輸的焦慮，讓我逼自己瘋狂練習，一有空檔就拿起麥克風錄起來重複聽，請身邊的人給我建議，讓自己唱歌的細節更精緻。結果，很扯的是，

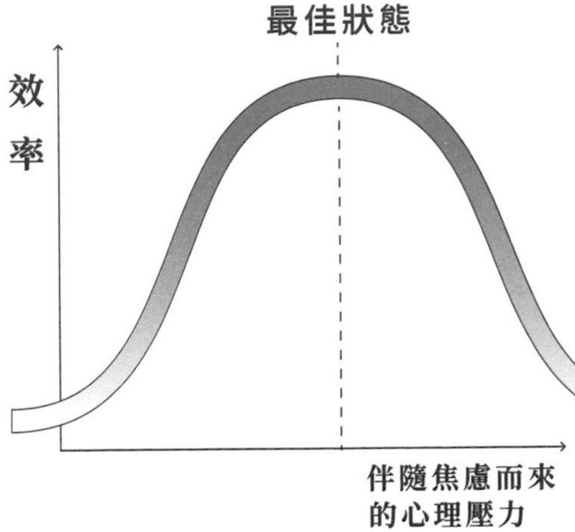

我不但入圍，還拿到很不錯的獎項！」

——二十四歲／學生／李小姐

焦慮並非只會帶來負面影響，更恰當的方式是將它視為一種被低估的能量。適當面對焦慮感所帶來的壓力，可以將這股壓力轉換為專注力和執行力，成為提升效率和工作成效的助力。[2]

焦慮不是任何人的專利

在成長過程中產生焦慮，是很正常的現象，這也並非為特定年齡層、性別，或人類的專利。

貓貓狗狗會焦慮、產後會焦慮、當兵會焦慮、長得不夠高會焦慮、長得太高也會焦慮，沒錢焦慮、太有錢也焦慮、嬰兒有分離焦慮、爺爺奶奶也有他們的焦慮。焦慮感總會起起落落、來來去去，在不同階段重複上演。

接受焦慮的存在是再正常不過的事，人生本就會隨著不同面向的焦慮往前。我們能做的就是接受自己的狀態，並透過行動試著加速循環的流動：「設立新目標、展開行動、多方嘗試、成長反饋」。透過這樣的過程更了解自己及環境，同時也增強了能力。如此一來，焦慮背後的需求就會漸漸被滿足，我們就能感受到自己已經「準備好」面對未來。[3]

自我實現的三種焦慮

所謂「焦慮背後的需求」是什麼呢？舉例來說，在自我實現的路上，很容易觸發三種類型的焦慮：渴望增強信心與自我價值（**需求**）催生的「成長焦慮」；渴望找到可以發揮的社會舞台（**需求**）導致的「環境焦慮」；渴有「社會舞台」及「自我價值」
但**不知道自己想做什麼**，認為所做
的事乏味無趣

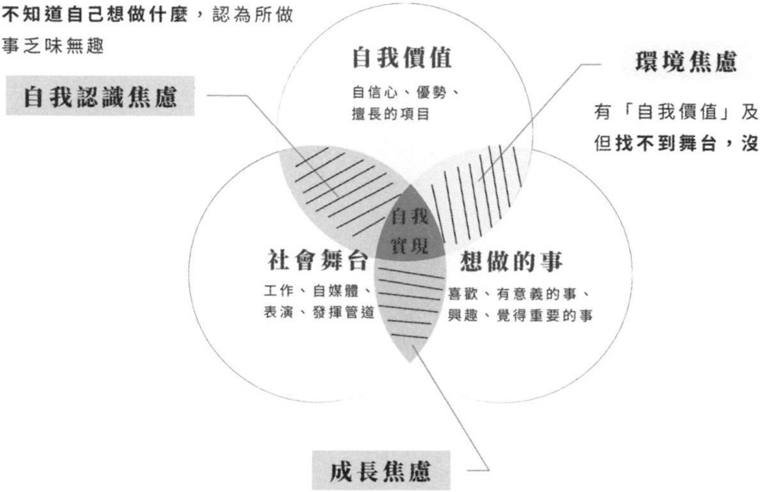

有「自我價值」及「想做的事」
但**找不到舞台，沒有工作和市場**

有「社會舞台」及「想做的事」
但**不知道自己是否足以勝任**

望對自我有更多認識、知道自己想做什麼（**需求**）而形成的「自我認識焦慮」。[4]

①成長焦慮

缺乏「自我價值」，經常認為自己不好，總覺得自己有很多不足。即使已經獲取職缺或晉身主管，仍無法肯定自己。也可能衍生成常見的「冒牌者症候群」，產生自我懷疑，擔心自己不夠稱職。只要想到有天可能會被他人「拆穿」，便會更加放大這樣的焦慮。[5]

試著欣賞自己的核心價值，是其中一項滿足內在需求的方法。從過往經歷中找出覺得自己還不錯，且能自在發揮的地方，從中肯定自己的特質與能力，再由此處延伸，逐步建立、鞏固自己的新能力及自我價值。

②自我認識焦慮

找不到「想做的事」，不知道自己內心真正想要的事物，且很難從目前做的事情中獲得滿足感。總覺得手上的事都只是無趣的任務及待辦事項，雖然感覺可能有更好的選項，但不知道自己真正想要的是什麼，也不曾去探索，所以對自我的認識更為不足。隨著時間過去，「沒活出理想人生」的焦慮感就會越來越強烈。6

若想緩解這種焦慮，可以試著向下挖掘——從記憶中去探索未知領域，包括「盲目我」與「未知我」，再將探索後獲得的啟發實踐在生活中。

③ 環境焦慮

缺乏「社會舞台」，覺得總是無法找到能發揮的領域或工作。找不到機會或市場展現能力，容易感嘆「缺乏伯樂」，認為沒人看見自己的長處。若是恰好遇上經濟壓力、他人期待或社會比較，這種焦慮感就會被放得更大。7

面臨這種焦慮，可以試著多方嘗試，不要自我局限，將擁有的技能與新技術結合、在新管道曝光，或多與他人合作，永遠抱持謙虛和學習的心態，慢慢搭建起自己的社會舞台。

在面臨焦慮的路上，我們都需要保持開放的心態，去學習擁抱自己不同透過欣賞「核心價值」
滿足「成長焦慮」需求

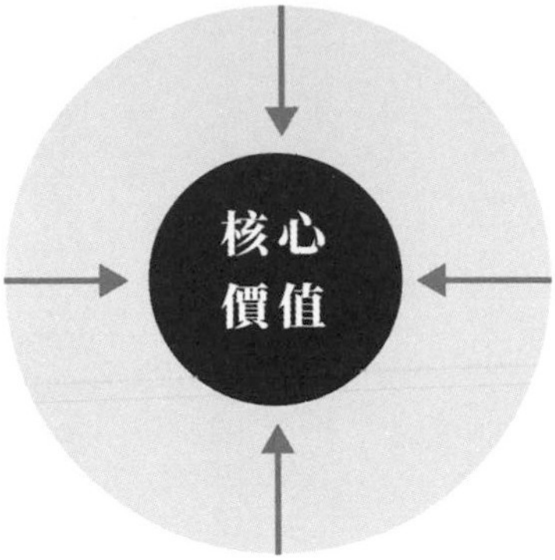

透過「往內在深挖」
滿足「自我認識焦慮」需求

透過「多方嘗試」
滿足「環境焦慮」需求

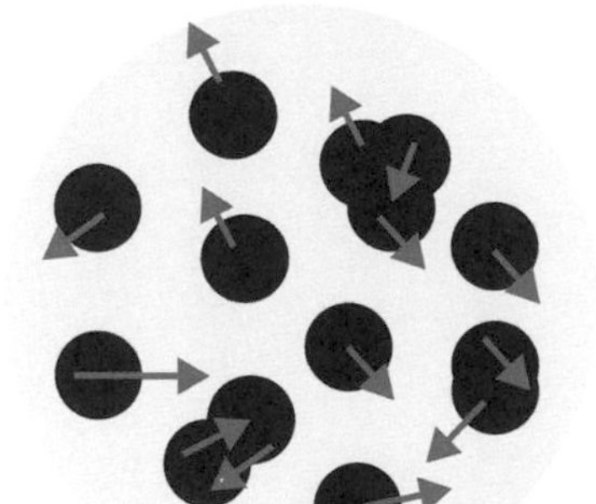

層面與不同階段的焦慮。**焦慮不過是一項提醒，為的是告訴我們有需求未被覺察，因此，只要開始行動、去滿足需求就好**。不必急著平靜下來，也不用要求自己快速達成目標，急或快都不會讓事情更順利。

小心凡事求快造成的「捷徑人生」

在高效率的時代，急躁感總促使著人們的焦慮不斷燃燒。每個人都十分急躁、沒多餘的時間可以浪費，每件事都不知不覺想用最短的時間完成。[8]

或許並非有意，但強調速成的關鍵字總會引起關注：「運動三分鐘，燃脂八小時」「十分鐘聽完一本書的價值」「用一杯咖啡的時間搞定投資理財」。許多人會驕傲地曬出自己一年的閱讀量高達百本、看影片調整為一・五倍更有效率、經營事業想的是「病毒式行銷」或「爆炸性成長」。凡事只求快，就不再需要親自下廚、精心擺盤、規畫旅遊行程、嘗試學習架設網站、坐下來好好與身邊的人聊聊、花時間運動和減肥、與自己獨處、聽聽內心的聲音……因為總有更快的方式和模組，可以取代以上的一切。

當衡量標準只有「速度」一個面向，將可能失去探討深度與價值的機會。只在乎結果，卻不在意過程。少了過程的人生，也只不過是「捷徑人生」，只將成就感建立在速度的維度之上，空虛且缺乏意義。[9]

太急太快，反而失去了效率和深度

或許，你也覺得事情做得快就代表有效率，但其實評估效率有更多面向可以探討。只衡量速度卻缺少品質，事情也不過是被草草完成，缺少細節、也談不上可延續性。

一切都發生得太急太快，常讓我們沒時間仔細回顧過去經驗的意義。但若仔細留意，便能發現很多未曾察覺的祕密。很多人常說自己的生活單調、缺乏可能性，事實往往並非如此。高度專注的覺察，能讓我們在微小事物中獲得極大啟發，甚至找到具體可行的新可能性。

我們常用教練技巧，引導想放慢腳步的學員使用「元素拆解法」來拆解自己的經歷：請試著回想，有哪些事曾帶給自己快樂、滿足？有哪些事是自己擅長及做得好的？自己創造了哪些價值？在哪裡得到了發揮的機會？能否拆解是當中的哪些元素，造就了這件事的成功？

例如：在先前擔任空姐期間，曾感到極度的滿足，拆解來看，可能是因為能「與人互動」，很喜歡與人交流的感覺。再來是「能常常出國」，出國讓自己感覺到自由，也更有國際觀。

仔細觀察被拆解出來的元素，能讓我們超越原本的認知、獲得新發現。此外，也可以將這兩項元素（與人互動、能夠常常出國），重新組合為新的可能性，創造能讓自己滿足的職業：「導遊」「數位遊牧」「旅遊部落客」「跨國公司業務」「婚禮攝影」等。

成長是心智變得更複雜的過程

完成一件事並不會讓我們立即獲得成長。對經驗緩慢而深刻的關注，才真正有助於讓我們從中萃取、沉澱，帶來實質的成長。

「成長」聽起來是很抽象的詞，每個人對成長的定義都不同。但有一項衡量標準或許可提供大家參考：評估自己是否變得更有能力面對不同挑戰。換句話說，成長其實是一種提高自我複雜程度的過程。[10]

判斷大腦的成長不是藉由體積，而是皺摺的多寡。判斷人是否有所成長，也不是看身高多高、年紀多大，而是隨著時間，心智是否越來越成熟、複雜，能依照多元情境應對進退、處理難題能展現出足夠的智慧、與不同類型的人能融洽相處。[11]

要提高自我複雜性，則有賴於自己能否經由沉澱，將過去經歷轉化為實質的智慧，實際運用於日常生活；面對挑戰時，能否依據不同情境想出多元策略；在每個當下，是否足夠有勇氣去面對各種棘手的狀況。

成長取決於過去、未來與現在的平衡，甚至可以說，人生正是由這三者同時交織、形塑而成。

用時間堆砌出的人生

你是否也會每跨越一個階段，就想問問自己：「活到現在，我的人生值得嗎？」開始思考自己究竟有沒有好好利用時間、好好過生活。人的一生真的很短，往往回頭一看，好幾年就這麼過去了。

然而，我們真的缺少時間嗎？或者，就算給我們再多時間，是否仍會和現在一樣，努力追著時間奔跑？

真正的時間，存在於人的意識之中

一週七天、每天二十四小時、一小時六十分鐘，將時間分割成等長的單位，精確地衡量、計算時間的流逝，習慣以「單向」「線性」及「等價」的方式來看待時間。

然而，**時間其實並非如此絕對的數值，而是與我們歷經的意義與感受緊密相連**，這個現象在心理學上被稱為「時間知覺」或「時間感受」。經歷相同

單位的時間，感受卻天差地遠：[12]

看了一分鐘的廣告覺得很久；打了一分鐘的遊戲卻覺得很短。

和聊不來的人尬聊十分鐘，就覺得饒了我吧，想找個地方逃走；和喜歡的對象聊個兩小時都覺得不夠，好想再續攤！

坐著看四小時的電影，大部分人都會受不了；將一部劇分成一小時的四集，很多人卻會一集接著一集一次追完。

真正的時間存在於人的意識之中。每件事對自己的感受、之於自己的意義，才是真正影響時間是否被完整利用的關鍵，標準則因人而異。即使時間被人們以量化的方式切分成一致的大小，但同段時間的長短、深淺，在每個人心中都各不相同。你對於過去的某段經歷有著深刻的記憶，也只有你知道那代表的意義。就像珍藏於舊盒子中捨不得丟棄的紙條、卡片、拍立得，都是過去某部分難以割捨的自己。[13]

真正的時間

「不浪費時間」的衡量標準

很多人經常會忽略時間的意義，忙著悔恨過去、擔憂未來，不斷詢問：「我是一個成功的人嗎？」「我有沒有浪費時間？」在他人的標準中，自己可能永遠不合格，或者曾經達標，卻又在不斷追逐合格線的過程中失足跌跤。

忙到最後，一切是否真的值得？究竟什麼才真正重要？

《小王子》裡有句深刻的話：「真正重要的東西，眼睛是看不見的，只有用心才看得清楚。」**我們想要的從來不是更多的時間，而是更深刻的回憶**——生活片刻的悸動、喜悅當中的永恆、與所愛之人相處的暖意、沉浸在心流的專注。

人生是由時間堆砌而成。每單位的時間代表著什麼意義？只有自己能回答。經驗的意義只能由自己主動賦予。不妨試著在日常生活放慢腳步，用心體會。在每週的尾聲，回想這一週印象深刻的事件，將它們記錄下來、寫成週記，藉由寫週記的過程，再次經歷美好或習得教訓。或許，之後你也能很肯定地對自己說：我過得很充實、有意義，而且非常值得。[14]

覺察思維

◆焦慮並非只會帶來負面影響，更恰當的方式是將它視為一種被低估的能量，是適時提升效率和工作成效的助力。

◆在成長過程中產生焦慮是很正常的現象，這並非特定年齡層、性別，或人類的專利。它總會起起落落、來來去去，在不同階段重複上演。

◆不需要刻意去解決焦慮，或執著於焦慮。允許它自然生滅，透過「設立新目標、展開行動、多方嘗試、成長反饋」加速這樣的循環流動，焦慮自然能被緩解。

◆學習擁抱自己不同層面和不同階段的焦慮。焦慮不過是一項提醒，為的是告訴我們有需求未被覺察，只要開始行動、去滿足需求就好。

◆當衡量標準只有「速度」一個面向，將可能失去探討深度與價值的機會。少了過程的人生，只將成就感建立在速度的維度之上，將顯得空虛且缺乏意義。

◆完成一件事並不會讓我們立即獲得成長。對經驗緩慢而深刻的關注，才真正有助於讓我們從中萃取、沉澱，帶來實質的成長。

◆成長是一種提高自我複雜程度的過程。是心智隨著時間臻於成熟、複雜，能依照多元情境應對進退、在處理難題時能展現出足夠的智慧。

◆時間並不總是等量的單位，真正的時間價值存在於人的意識之中。我們對事件本身的感受和意義，才是衡量時間是否被完整利用的關鍵。

◆我們要的從來不是更多的時間，而是更深刻的回憶：生活片刻的悸動、喜悅當中的永恆、與所愛之人相處的暖意，以及沉浸在心流的專注。

自我提問

對未來不確定的焦慮

↓

經驗意義的進展

回想上次讓我印象深刻的焦慮事件

↓

那項焦慮背後的需求是什麼？
（什麼樣的不確定感需要被滿足）

↓

回想過去，我曾經滿足這種需求的時候，是因為發生了什麼事件？

身邊已經滿足這樣的需求的人，他們做了什麼事？

↓

拆解來看，主要是因為事件當中的哪些元素？

↓

這些元素對我的意義是什麼？

↓

以上的發現，可以怎麼運用在當下的生活中？

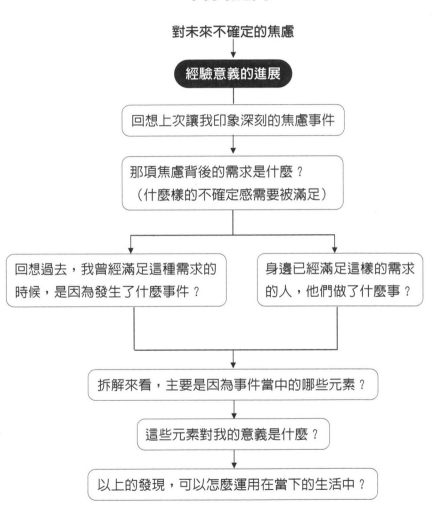

第八章 優化行動計畫

「"Action"有行動就會有向量」

「各位旅客您好，現在進站的是十二點四十五分開往七堵方向的區間車，還沒有上車的旅客，請趕快上車……」

視訊另一頭傳來廣播的聲音。螢幕搖晃著，映入眼簾的是客戶姿穎驚魂未定的神情。

姿穎邊喘著氣邊回答：「不好意思，教練，我現在在搭區間車，可能會有點吵。」

教練：「好的，姿穎，那現在的狀況還方便進行對話嗎？」

姿穎：「可以可以！抱歉，最近很多事情都擠在一起，一直撥不出時間。」

姿穎的眼神飄忽不定。

教練：「我感覺你的狀態有一點點慌張，現在還好嗎？」

姿穎：「嗯……就最近都很忙，剛剛才在家裡趕案子，等等又要去另一個地方開會，是你剛剛聯絡我，我才突然想到有約這次對話。」

教練：「辛苦你了，有這麼多事情要忙。」

姿穎：「其實也不是，是我自己拖拖拉拉，總愛把事情拖到最後，一直做些有的沒有的事，該做的事卻都沒做，每次都搞到這樣急急忙忙的。」

教練：「姿穎能覺察到自己的狀態已經很不容易了！我剛剛聽的感覺是拖延很困擾你，上次你也說想要解決這個問題，那今天會想針對這個問題聊聊嗎？」

姿穎馬上回答：「好啊，這真的是我的痛點。我也知道有些事情要趕快做，但很奇怪，沒拖到最後一秒我就沒有動力去做。

「我搭車還有一些時間，可以跟教練快速聊一下，看看能怎麼改善。」車站人來人往。有人在等待，遲遲沒有上車；有人則是在列車要離開的前一刻才趕到月台，一上車就不斷往前擠向人群，急忙拖著行李穿過一個又一個車廂。

慣性拖延，導致待辦事項擠成一團，所有行動都趕在死線前達成，短期計畫一個又一個緊追在後，逼著自己不斷前進。**該如何重新調整步調，專注在真正重要的事上？又該如何在變動的生活中，讓行動計畫得以持續進展？**[1]

一再發生的慣性拖延

慣性拖延是十分常見的現象，明明清楚知道自己該做什麼事、想完成什麼樣的計畫，卻一再拖延。總在「一開始」有很強的行動力、能做出完整規畫，卻在過了能量高峰期後，動力直接跌落谷底、無法推動進度，於是無可避免地開始拖延，處於不斷趕死線的狀態。

重拾精力和意志力

個人精力和體能、情緒、注意力、意義感皆相關。很多看似能得到「休息」的活動，實際上卻無法有效提振精神。像是有學員會和我們說，自己週末放假時想說辛苦了一週，想好好休息，追了好幾部劇以為能恢復精神，到了星期一反而更累。這是因為這樣的事對自己來說只是停止消耗（精力還是在低水位，所以還是很累），而不是補充精力（讓能量水平真正從低至高、開始有活力）。因此，如果想提升精力，更應該保持覺察。

提升精力對於改變拖延來說非常重要。因為只有擁有足夠的精力，才有機會進一步談「持續推進的能力」，也就是所謂的意志力，這能使我們還能努力擺脫拖延、展現決心毅力，並堅持推動目標。

首先，我們要知道的是，**意志力是一種會被逐漸消耗的有限資源**。一天當中的任何決定都會消耗意志力，小至決定要穿哪件衣服，大至發揮創意解決難題。[2]因此，**每天起床後，我們先選擇做哪些事非常重要**。如果優先選擇查看訊息、新聞和短影片，在有限的意志力被占據後，就算想回來做原先規畫好的重要任務，心理資源也早已消耗殆盡，事情自然容易被拖延。[3]

「以前就常聽到有人說，蘋果創辦人賈伯斯喜歡穿黑衣搭牛仔褲，是為了減少做決策的時間和精力，臉書創辦人馬克·祖克柏也是，每天都穿差不多款式的衣服。所以我也嘗試了一陣子。結果真的發現，減少要做決定的事後，那天還真的會比較有精神。所以我開始慢慢讓自己的生活越來越簡單。」

——三十一歲／自由接案／陳先生

拖延不做的三個原因

既然該優先去做重要的事，讓人困惑的是，為何我們總會選擇先做不重要的事呢？或許可以從以下三個原因思考。

① 難度過高以至於想逃避

面對困難目標時，人體生存機制會下意識進入「逃避和迴避」狀態。然而，不正視問題，將導致潛意識更放大目標的難度，認為這是現階段難以克服的任務，索性放到後面再處理。

因此，我們需要努力的方向，是**將「重要事項」設定成符合自己能力的挑戰**。想想：「這件事的挑戰性由低至高若分成一到十分，大約落在幾分？」如果落在八到十分，則可將任務切割得再小一點，降低難度；反之，如果落在一到三分，則可以想像一下，如果再增加一分會是什麼樣子？挑戰太難，可能導致過度焦慮；挑戰太簡單，可能讓人覺得無聊。唯有讓挑戰稍微超出自己的能力，才能處於心流的專注狀態，並持續成長。[4]

② 好處或信心不足

很多行動我們不立即去做，是因為還不知道事後能得到什麼好處，因此，當其他更簡單、更能預期好處的活動（美食或娛樂）出現時，注意力就容易被瓜分。再者，即使能事先預期完成任務後可獲得的好處，缺少足夠的自我效能（樂觀及自信程度）導致的自我懷疑，也會讓人因此不願嘗試。[5]

如果能以不同角度看待任務，**將注意力集中在潛在的好處、成長機會、解決問題的可能性，及個人能力和資源上**，這就是一種「正向重新評估」（positive reappraisal）的策略。在這種樂觀、有信心的狀態下，完成事情的期待感將大幅增加、壓力也會減輕。如此一來，便能將最寶貴的意志力資源，優先投注在重要事項、避免拖延。[6]

③五感體驗不夠深刻

人們在從事一件事時，**五感刺激（聽覺、視覺、味覺、觸覺和嗅覺）和身體感受，皆有助於喚起更多注意力及覺察力**，加深自己與當下經驗的連結。因此，真正去做一件事的「過程體驗」也非常重要，如果能在過程中獲得較好的感官體驗，我們也會本能地想優先去做，且將更容易專注其中。

同時，如果以開放、好奇的心態，**不預期結果、不評斷過程中該有什麼樣的表現，將更容易喚起五感體驗**，有助於更深入地沉浸於過程當中。[7]

仔細觀察周遭事物，你是否已經發現上述提及的元素：「設定符合自身能力的挑戰」「事先預期得到的好處及可能性」「深刻的五感體驗」，都經常出現在我們成癮的事情上（社群軟體、電視劇、遊戲、菸、酒、賭博……）。很多成癮的設計：使用者體驗良好、易於操作的介面、更符合個人喜好的推播和演算法，都是為了讓我們更容易投入其中，以滿足人性根本需求的方式，向我們展示各種好處。

然而，在這樣未經覺察的循環中，我們將容易變得被動，失去批判性思考的能力，習慣沉浸在這些既簡單、有足夠感官刺激、又易於上癮的事物上，失去主動選擇的權利。回過頭來，怎麼時間、精力都被默默消耗了？甚至難以重新振作，去面對更多困難、重要卻富有成長性的挑戰。

看似無害的自我疏忽

對人類造成傷害的往往不是事物本身，而是**過度使用**造成的不良後果。手機可以增加效率，過度使用手機卻會破壞作息與身邊的親密關係；社群軟體可以促進人際交流，過度使用社群軟體卻會助長無意識的比較心態，令人對自己的生活產生不滿。

一再跨越界線的「再一次就好」

許多易於成癮的事，都是一些看似無害的小習慣，多做一些好像也無傷大雅，讓人以為**跨越那條看似無害的界線，總能再輕鬆地跨回來。然而，當次數不斷累積，有天你會發現事情已經失控，突然間就回不來了。**

舉個常見的例子，很多上班族長時間坐著辦公都不會將椅子坐滿，喜歡彎著脊椎、留點空隙，覺得這樣比較舒服，應該沒什麼大不了的吧。但這種姿勢卻會使脊椎不正常受力，長期將導致腰痠背痛、肩頸痠痛，甚至是坐骨神經痛、椎間盤突出、脊椎側彎、脊椎退化等一連串問題（寫到這裡，我的下背部似乎也開始隱隱作痛……）。

即使知道不該在這些事情上過度投入，卻仍不斷告訴自己：「再一次就好」「再一杯就不喝了」「明天再戒好了」「再看一集就好」「最後一次了」，但我們都知道這不會是最後一次。

隨著次數的累積，它漸漸成為一種「**癮**」：

無節制地滿足欲望而衝動消費（**癮**），讓我們需要去做一份薪資高但不喜歡的工作，來補足卡債等財務缺口。

情不自禁地渴望得到讚美（**癮**），因此違心壓抑自己去討好眾人，讓自己活在受他人擺佈的生活中。

無法克制地看劇、玩遊戲（**癮**），讓自己沒有時間好好休息，一再感到體力透支而難以面對隔天的工作。

「成癮」與「習慣」的差別，在於前者只要不做，就會產生生理和心理上的不適或副作用，反倒逼得自己不得不繼續，成為損害生活品質的主因。[8]

讓成癮變得麻煩，讓忽視不易發生

易於成癮的事物總會在一開始帶來快樂、幫助我們消除不舒服的感覺，或是讓我們迅速地沉浸在快感中。然而，待片刻的愉悅消退後，難受的感覺將再度出現。此時，痛苦將比先前更為強烈，逼得我們不得不繼續沉迷其中，身體感知也一天天變得麻木。

將持續落入成癮陷阱的人，似乎總會問「如何不去使用成癮物品」或「該如何下定決心改掉壞習慣」；然而，**真正能克服成癮的人**，會問的則是：「如何增加取得成癮物品的難度」及「如何讓壞習慣沒機會發生」。

兩者差異在於，**前者依靠的是有限的精力和意志力，後者則是盡可能提高成癮的難度**。將成癮事物放到不易取得的地方、增加使用的難度，讓事情麻煩到連成癮都懶，才是有效的方法。[9]

當被動陷入成癮的機會少了，主動創造成就的機會就多了。可以花更多時間思考自己想成為什麼樣的人、長期想過什麼樣的生活，並透過「自律」逐漸實現願景。不需經過如苦行僧般的痛苦壓抑，而是透過對自己的身分認同，發自內心了解自己為何而做，設計出一套易於讓自己遵守的系統，讓計畫在每天的日常中自然發生。

自律需要建立在自由之上

自由需建立在自律之上，然而，自律同樣需要建立在自由之上。如果想透過自我約束達成目標，約束的力量則須保持一定的彈性空間、符合自己能負荷的程度，才不至於無法承受。可以試著回想看看，過去在養成習慣或設定目標行動時，那些極為嚴格的規畫，是否往往難以持續下去？

自由和彈性能帶來持續的自律

「我也不是沒試過早起，去年我聽了一場唐鳳的演講，提到他都大約早上七點起床，然後會把自己的夢記錄下來，創造一些新想法或創意。所以我也開始想早起做點什麼讓自己更積極，開始規定自己七點起床，還有定期去跑步。一開始很成功，但試沒幾天就碰到狀況，像是趕報告趕到半夜很累起不來，或是一大早天氣很差、下大雨，就覺得今天還是放過自己好了，睡飽一點。想說一天而已應該沒關係吧。但有一次就會有第二次，沒幾天就只好宣告失敗。」

——二十六歲／物理治療師／徐先生

無法延續就不會累積，就算之前的行動再嚴格、縝密，也是徒勞。所以說，在任何需要時間積累的成長面前，行動的「頻率」都比速度和質量要重要得多。每天、每週持續行動，即使生疏仍繼續堅持、心情不佳只想跑十分鐘還是跑、沒有靈感只寫得出三百字的文章還是寫。

做得快或慢都無所謂，只要持續做，就會漸漸成為理想中的模樣。每天，我們狀態都不太一樣，有時充滿活力、有時較為低迷，與其相信自己會嚴格遵守目標，不如在行動上保有一定程度的自由和彈性，讓頻率更容易維持。

想達成運動目標，可以依據每天的心情、天氣，決定要選擇戶外運動、健身房重訓，或室內瑜伽等不同類型。運動強度也可以依當天的體力，決定要進行一分鐘伸展、一萬步健走，還是深蹲四十下。至少讓自己能夠開始，而且可以每天執行，把既定的「單線道」目標（每天一定要達成的行動），調整為彈性的「多線道」方向（依狀態調整，只要能往目標前進就好）。有選擇的自由，才能帶來持續的自律。[10]

「自律」聽起來嚴格，但它實際上是「從容不緊急」且符合人性的。如果紀律是被外力所迫，無論是時間壓力、社會競爭壓力、比較而來的壓力……那全都是「他律」——由他人來逼著你前進。唯有發自內心去做對自己「重要的事」，透過適合自己的方式往想要的人生前進、不受制於外在因素，才是真正的自律。

像騎腳踏車一樣，拿捏好自己的平衡

讓行動計畫持續進行的訣竅，就如同學習騎腳踏車，得適度拿捏平衡。

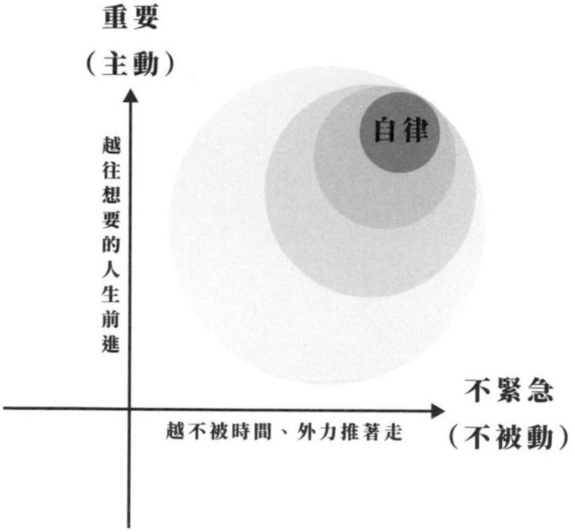

何謂平衡沒有標準答案，完全取決於自己的感受：只要能負荷，再快、再繁重都不是問題；然而，如果已超過自己的極限感到不適，多做一點點都可能成為問題。[11]

有人可能覺得加班很痛苦，多留十幾分鐘都覺得難受，但如果很熱愛工作，上班能感覺充滿能量，那做得再久都不是問題。

或許有人會覺得經營自媒體是種折磨，要每天關注觸及率、和別人比較，很難持續下去。但如果自己十分樂於分享生活、每次分享都覺得很開心，那麼花再多時間經營都不會覺得有負擔。

「我有察覺到自己很習慣把待辦事項塞得很滿，覺得做事就是要夠多、夠好、夠嚴格，就像去吃吃到飽一樣，就是要吃回本。但通常只會搞得一肚子撐，後悔下次不要再吃這麼多。」

——二十八歲／護士／金小姐

我們經常會高估自己短期能做到的事，卻低估長期能達到的成果。這種現象主要是因為我們容易陷入「短期思維」，急著在短時間看到成果，沒看到效果就覺得一切都沒意義。**把眼界集中在某個年齡區段，急躁地想快速完成一切，同時容易導致自己在選擇上過度謹慎**[12]。

與其享受成功的假象，不如刻意失敗

短期思維所引起的躁進或過度謹慎，都會讓我們無法安於現狀。這通常

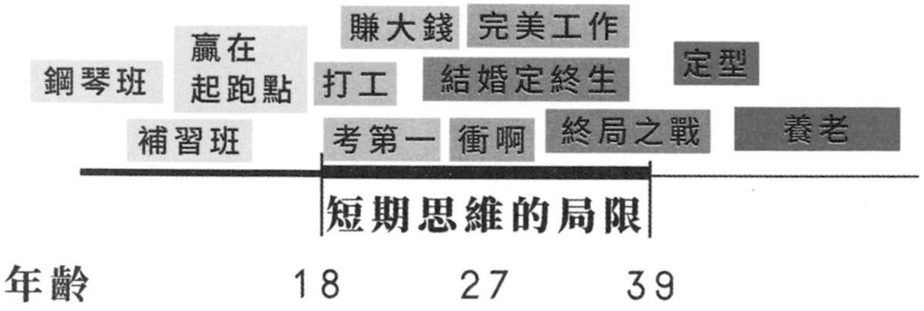

隱含著一種對未來的不確定：沒把握這些行動能產生價值，甚至懷疑「現在才開始是否已經太晚」。

然而，其實我們每次踏出行動、展開新嘗試時，都必定會得到回饋。可能是「正回饋」——做得不錯，產生成就感；或是「負回饋」——做得不好，產生挫折感。這都能加深自我認識，藉此知道自己該如何調整，或改往不同的方向前進。正回饋和負回饋都會帶來成長，有行動就會有向量，就會有新的收穫及進展。[13]

抱持「成長心態」，體認到**自己主動做出的每個行動都是好的，即使做出「錯誤」的選擇也能帶來成長**。因此，比起安於現狀、享受暫時的成功假象，更有可能為了獲得寶貴經驗而刻意失敗，藉由與衝突碰撞加深自我認識。日本時裝大師山本耀司曾說：

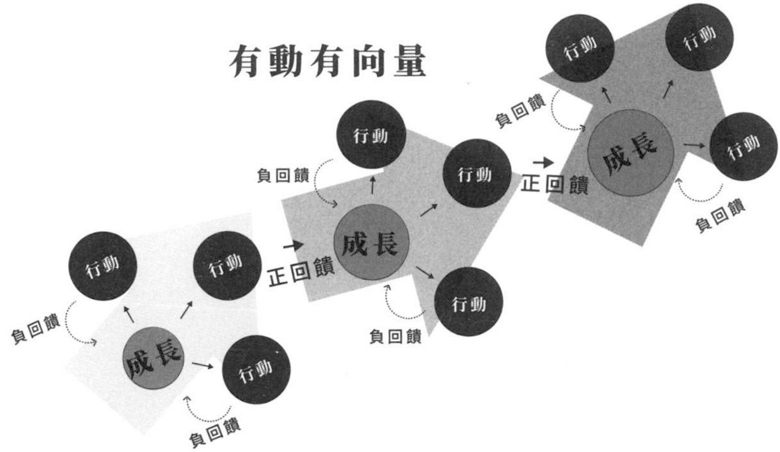

「『自己』這個東西是看不見的，撞上一些別的什麼、反彈回來後，才能真的了解『自己』。因此，和很強的東西、可怕的東西、水準很高的東西相互碰撞，藉由這樣的過程知道『自己』是什麼，才是真正的自我。」[14]

我們不可能總是擁有最好的經歷、做出最萬無一失的決定，每個行動都可能有一定比例的錯誤發生，可能是一%、二三%、五六%，或九○%。然而，將時間花在「行動」而非「猶豫」；將回饋視為「學習」而非「挫折」；將心思投入「過程」而非「成果」，這些累積就會成為別人

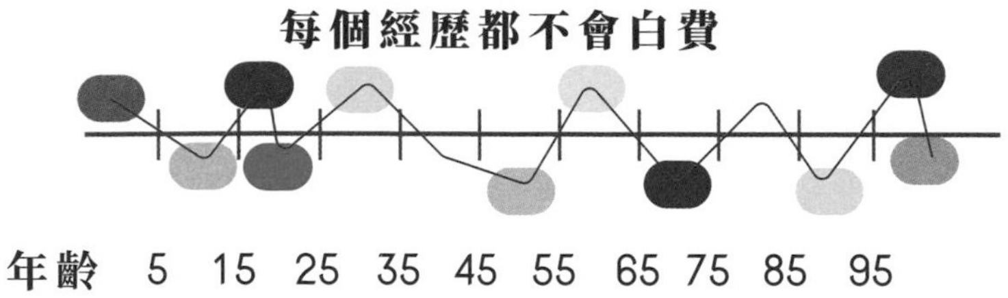

拿不走，也無法取代的資源。

即時當下的每個行動可能看似可笑或沒有吸引力，不見得能在幾天、幾週，甚至是幾年內看見成果。但或許，就在某個時間點，每個獨特經歷就不經意地串成了一條線，讓你發現用心走過的每一段路，都不曾白費。

覺察思維

- 很多看似能得到「休息」的活動，其實對提振精神沒有幫助。因為這些事情對自己來說只是停止消耗，而不是補充精力。
- 意志力是一種會被逐漸消耗的有限資源。優先選擇做哪一件事很重要，認知資源一旦消耗殆盡，事情自然容易被拖延。
- 任務難度過高、不知道完成後能得到什麼好處、五感體驗不夠深刻，都會導致拖延，而讓我們選擇先做那些無關緊要的事。
- 對人類造成傷害的，往往不是事物本身，而是過度使用造成的不良後果。
- 一些看似無害的小習慣，會讓人以為跨越那條看似無害的界線，總能再輕鬆地跨回來。然而，當次數不斷累積，有天你會發現事情已經失控，突然間就回不來了。

◆「成癮」與「習慣」的差別，在於前者只要不做就會產生生理和心理上的不適或副作用，反倒逼得自己不得不繼續，成為損害生活品質的主因。

◆「自律」不需經過如苦行僧般的痛苦壓抑，而是透過對自己的身分認同，發自內心了解自己為何而做，讓計畫在每天的日常中自然發生。

◆約束的力量需保持一定的彈性空間、符合自己能負荷的程度，有選擇的自由，才能帶來持續的自律。

◆「短期思維」容易讓我們將眼界集中在某個年齡區段，急躁地想快速完成一切，同時容易導致在選擇上過度謹慎。

◆具有「成長心態」的人，比起安於現狀、享受暫時的成功假象，更有可能為了獲得寶貴經驗而刻意失敗，藉由與衝突碰撞加深自我認識。

/自我提問/

總被拖延的行動計畫

↓

行動計畫的進展

↓

怎麼調整行動計畫的難度，讓自己更專注執行？
（達成心流條件：讓挑戰稍微超過自己的能力）

↓

完成這個行動計畫，對我有哪些好處？

↓

我對完成計畫的信心有多高？
（1到10分，會落在幾分？）

↓

如果信心增加1分，是因為發生什麼事？

↓

我有哪些資源、人脈可用？

↓

計畫若順利完成，會是什麼樣貌？

↓

我的感受是什麼？

↓

如何設定不同強度的「多線道」任務？
（即使碰到阻礙，仍能每天持續進行）

↓

如何去主動挑戰「可能失敗的事」，
讓自己有更多成長？

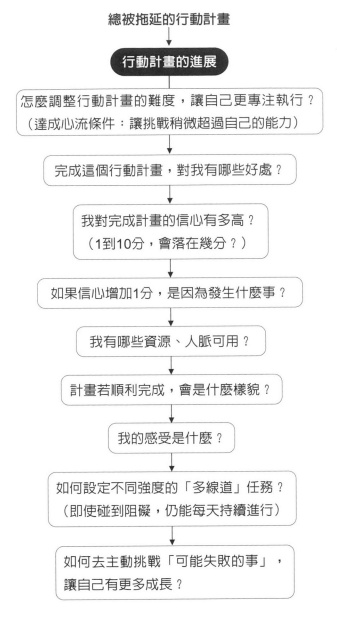

第九章

打造成長環境

「志同或道合，小孩子才做選擇」

「欸，你們有沒有覺得，我們都一直在工作，好久都沒時間讓自己好好成長了。」

團隊夥伴無意間開啟了這個話題，剛好也到了這一季的尾聲，我們便分別提出自己想要的「個人成長目標」。不見得要與工作相關，也可以學習種植、衝浪，目的是重新感受生活的本質。

下班後，騎在民權西路上，仍在想著剛剛的討論。的確，在忙碌的生活中，總會為了達成績效和目標，忽略了持續自我成長，或是忘了享受生活的過程。

很不錯。

工作久了容易進入工作狂模式，夥伴的話再一次點醒了我，讓我意識到忽略已久的事。雖然我很享受獨自一人的狀態，但能和團隊一起成長還真的很不錯。

想起上週與客戶奕廷討論近況議題時，剛好也談到這件事。

奕廷：「我覺得自己一個人就是比較好。不用討論，自己做完工作最快、最有效率。啊，還有不用處理別人的情緒！嗯……或許我就是喜歡一個人吧。」

教練：「剛剛我感覺到奕廷好像有點猶豫，可以多分享在猶豫的部分是什麼嗎？」

奕廷：「害怕吧。一個人做事雖然比較快，也不用受別人影響，但還是會怕孤單，一個人面對電腦總覺得少了點什麼。」

教練：「奕廷有提到不用受別人影響，可以針對這部分多說一點嗎？」

奕廷：「就……可能有些人會抱怨、講八卦，我就不喜歡聽那些。」

奕廷露出嫌棄的表情。

教練：「讓我們試著想像一件事。同事有什麼樣的改變，會讓你比較願意在公司和大家互動？」

奕廷：「希望是可以讓我成長的陪伴關係，能一起進步吧。不是只聊麻將、公司同事多爛等，希望是比較正向的話題，或是可以聊聊科技。」

教練：「很不錯耶，奕廷有認知到正向、成長的陪伴關係是自己想要的，或是也可以聊科技的主題。」

奕廷很興奮地說：「對！什麼人陪和聊什麼主題好像很重要，我會想找到能支持我成長的人。」

聊到後來，奕廷決定在下班後開始尋找成長夥伴。並不僅限於專業技能上的成長，也可以先從比較沒有壓力的興趣類主題出發，找到可以一起聊科幻電影的夥伴開始，藉此慢慢深化自己的人脈社群。最後，奕廷也提到下次的對話可以探討更多關於：**如何在「被影響」與「孤獨」之間取捨？在錯綜複**

雜的社交環境中，又該如何讓夥伴關係持續進展？

身邊的一切都會影響我們

常受關係困擾的人，也許會從各類書籍或影片中，學習到一些掃除「有毒人際關係」的方法，例如：和散發負面影響的人保持距離、切斷社群軟體上不必要的連結、戴上耳機遠離抱怨等。斷捨離不適合的連結後，短期確實能幫助我們脫離情緒勒索及帶來負能量的吸血鬼，清靜個一陣子。[1] 然而，沒多久就會發現自己又有了新的關係困擾：新的比較、新的批評、新的競爭、新的情緒枷鎖，所引起的抱怨、爭吵、自我否定和以往差不了多少。甚至有些關係在斷了一陣子後又重新回來，讓自己依舊陷在煩惱中。

主動選擇如何被影響

相信很多人都會鼓勵大家「不要受他人影響」，然而，這在真實生活中

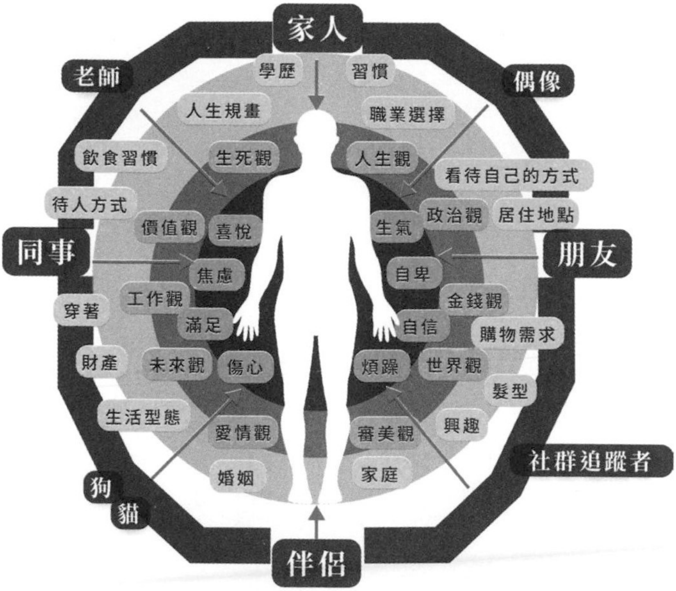

是很難做到的。因為**沒有人是孤島，我們的生活型態、價值觀、飲食方式、習慣、髮型……都是基於人與人之間的交互影響而存在。**

身邊的一切本來就會影響我們，這是難以改變的事實。差別只在於，有人是被動處於環境中，不情願地被影響，如風中的稻草擺盪；有人會主動選擇如何被影響，接觸適合自己的人事物，打造適合的成長環境去滋養自己，如大樹吸附土壤的養分不斷茁壯。[2]

想找到適合的環境，最需要探討的就是自身「意願」。許多認為自己「沒朋友」的人，其實內心是抗拒與人創造連結的。如果有機會認識新朋友，也經常會以工作太忙、太累、沒時間等原因，拒絕踏出第一步。因此，沒有適合的環境，許多時候是由於自己缺乏認識不同人的意願，不想花心思主動打造一個適合自己的環境。

然而，這也不全是自己的問題。出社會後難免需要參與各式應酬，若對所有社交活動照單全收，要破冰、要尬聊，會被問到一些不那麼想回答的事，甚至有可能被比較職業、薪水，這樣的交流往往令人感到疲憊。

如果人際交流沒有讓自己有充飽電的感覺，反而是種消耗。很容易讓人對參與社交活動失望，開始排斥認識新朋友、下意識想忽視邀約：「很抱歉，我今天有事。」寧願回家休息、追劇。[3]

不上不下的社交失衡

擔心會被關係束縛、害怕要為他人縮減自己的空間。但好不容易逃離厭倦的社交場合後，又開始覺得無聊、寂寞。時常處在一種不上不下的**「社交失衡」狀態——孤獨時想交流，社交時想獨處**。

「我的個性很外向、開朗沒錯，但每次朋友都找我吐苦水，久了我其實也很累。我都笑稱自己是行走的垃圾場，每個人都來找我倒垃圾。但我自己的呢？還是得自己處理。所以週末我會想一個人到山上或海邊走走，接觸大自然。找教練聊聊也是我固定的宣洩管道。」

——四十三歲／銷售顧問／賴小姐

不論外向、內向，每個人都有自己的社交極限，需要適當的獨處空間，有自己與世界相處溝通的方式。我們可以想想那些導致失衡的狀況：自己現在明明需要獨處，卻要撐著笑臉陪別人講不感興趣的話題；明明想分享與趣、熱情，卻被逼著談工作、薪水；明明只需要緊密真誠的三五好友，卻以為自己需要認識各式各樣的新朋友。

缺少對自己社交需求的認識，會讓我們一再失衡。在進行一場又一場未經思考的社交活動前，我們需要更多的自我對話和內在反思。試著靜下來，問問自己：

- 我需要多少朋友？
- 一週想花多少時間在人際交流上？
- 我喜歡怎樣的交流活動？
- 我想被用什麼方式被認識？
- 和我目前想創造的改變或是目標，之間的關係是什麼？
- 我需要什麼樣的支持？

思考這些問題能讓我們抽絲剝繭，慢慢看見自己想要的平衡。**如果需要**

更多朋友，就勇敢踏出去，用適合自己的方式展開社交。如果需要獨處，就多花一點時間好好跟自己相處。配合自己的狀態、尋找適合的人際需求，健康的社交狀態是需要用心思考經營的。深刻的連結其實也不容易在匆忙的社交場合中建立，往往都是在喧囂過後，獨自一人的狀態下，才能深刻認知自己需要什麼樣的支持關係。4

深刻的連結源自於你所經歷的孤獨

「當時分手後，我還一直和伴侶一起住，住了兩年。我很害怕分開，不敢想像一個人生活的感覺。就像之前看過『國際孤獨等級表』，我真的不想一個人吃飯、一個人看電影、一個人去看海，也不想一個人去逛超市。」

——二十四歲／剪輯師／薛小姐

有些人害怕孤獨，覺得孤獨是人緣不好、邊緣人才會有的狀態。在孤獨時總覺得自己是不幸、可憐的。但實際上，**每個人都需要孤獨。在孤獨中，我們才能體會與人連結真正的意義，知道自己為什麼需要人際關係，以及需要什麼樣的陪伴**。

利用人際空窗期重塑自己的關係

每當處在孤獨狀態，就特別容易想起寂寞的經歷：淺薄的友誼、互相傷害的同事、忙於工作的伴侶、讓人受挫的家庭，想起這些讓人極為無助的時刻。得獨自擁抱不安全感，在寒冷的夜裡坐在床邊暗自哭泣，彷彿全世界只剩下自己孤身一人。

因為害怕這種狀態，所以更想向外抓取陪伴。但若仔細回想，可以發現這些孤獨都成了後續關係的養分，讓我們知道自己的需求、重視的原則，進而能建立與自己的互動關係。為關係重新注入新鮮的活力，就像把水澆在乾涸的土壤，人際關係也能逐漸成長茁壯、開花結果。

每一次的孤立，都在重塑自己想要的聯繫。就像農作物需要休耕期，人們也需要一段空白的時間來思考自己想要的關係，而不是一再以不適合的陪伴填補空窗期。隨著當下的步調，讓自己在孤獨與連結之間交替，找出自己與世界的溝通方式，周遭的關係就會呈現「有機式」的成長狀態，不斷更新，一次又一次變得更適合自己。

學會孤獨，才能真正學會與人相處。很多時候之所以無法找到能相互扶持、成長的夥伴，往往是因為連自己都不認識自己，不知道自己想要往什麼方向成長。害怕跟不上話題，所以開始關注自己不感興趣的流行議題，想迎合他人，想被接納、融入別人的圈子。但這些行為都只會讓自己變得不像自己。用別人喜歡的方式做著自己不喜歡的事，看似達成了目的，卻感到更寂寞不安。

讓沉澱發酵，不要急著填滿空虛

在搖擺不定的狀態下，更容易遇上錯的人，在錯的關係中被牽往錯的方向。覺得雖然這樣不夠好，但也不至於難以忍受，就忍耐一下吧。卻因此這樣過了好幾年。如果有機會擺脫不合適的關係、重新擁有自由的孤獨狀態，將是一個屬於自己的珍貴時刻。

在孤獨中不需要配合別人、不需要包裝自己，能用最真實的狀態生活，並且從這種狀態中，感受什麼樣的成長方式最適合自己。

有些關係是我們無法選擇的，某些社交活動是不可避免的，但**至少在一段孤獨的狀態裡，留給自己一些時間，先別急著填滿空虛**。好好沉澱、思考自己想走往什麼方向、和怎樣的人相處、去哪裡尋找適合的環境，並且讓這樣的環境支持著自己。

找到能賦予自己穩定和力量的環境

學會肯定自己，才能吸引到真正欣賞我們的人。

去了解自己喜歡怎樣的話題和溝通方式。是比較喜歡談論生活話題，像是美食、旅遊、購物；還是深層議題，像是恐懼、希望、愛、不安全感與夢想。**話題是與他人建立連結的重要管道，談論什麼話題能展現出自己是怎樣的人，進而吸引同樣頻率的人接近。**

「在學生時期我超級格格不入的，跟同學都處不來。老師、同學、爸媽都覺得我很孤僻，但我知道我只是不喜歡他們的話題。我喜歡冷門、次文化的東西，像是刺青、調酒、塗鴉等。長大後，我身邊朋友很多，都是跟我有同樣愛好的人，我很慶幸小時候沒有被形塑成我不喜歡的那種人。」

——三十一歲／刺青師／魏先生

將自己真實的樣子付諸實踐

更了解自己喜歡什麼、需要什麼、擅長什麼，還有自己的「真實樣貌」是什麼。展現出自己的真實，能幫助我們找到合適的環境，開始讓身邊的人知道「我就是這樣的人」。開始做自己想做的事、說自己想說的話，開始付出，用自己擅長的方式提供別人價值。透過各種計畫、想法、行動、專案、實驗，將自己真實的樣子付諸實踐。

於是，你會漸漸發現身邊多了一些願意支持自己的夥伴。這些人願意接受真實的你，且願意花時間了解你、跟你一起前進。**此刻，你不需要偽裝、迎合，也不需要花時間包裝自己，只需要專注在真正屬於自己的方向，大步向前邁進**。過去AndAction在經營線下社群的經驗中，很多點子都是因為自己開始真誠地向外「宣告」，才產生了實踐的可能。[5]

有一次，我們遇見一位對烘焙有興趣的屏東女孩，她的夢想是開甜點店，可惜身邊的親友大多抱持保留的態度，認為畢業後還是先找份正規的工作比較實在。於是，我們立刻訂下日期，一起舉辦了她人生第一次的甜點發表會，並邀請二十四位夥伴一同參與，包含相關餐飲從業人員與甜食愛好者。

「在準備期間會一直懷疑自己，甚至覺得自己當初太衝動。一直以來我都是自學，沒有受過專業的長時間訓練，實在不認為自己有能力分享出好甜點。加上這次分量不如以往，是要準備二十四人份，還有環境不同、也不是自己熟悉的烤箱，甚至還忘記帶烤箱溫度計，也忘了進行事前測溫的動作。

直到在分享會上，我看到有人拿著塔很開心，跟我說好吃，有人繼續拿了第二個吃、有人跟我說，這是目前吃到最好吃的一次，大家吃塔的表情還歷歷在目，好欣慰！得到的回饋、建議、鼓勵、支持都好珍貴！我覺得這趟上來好值得！也告訴自己：『你又一次自我挑戰成功了！』哪天，當我再次碰上障礙困難，甚至懷疑自己的甜點夢時，我會回想這整個過程，還有最後大家吃塔的表情。我知道自己還不夠好，但我會繼續努力加油的。」

——二十二歲／學生／陳小姐

就只是傳遞出最真實的自己，各種「志同」（支持你做）或「道合」

（和你一起做）的夥伴，就會逐漸加入並集結成社群互助力，摩擦出更多意想不到的可能性。

在支持自己的環境中培養內在動機

找到支持自己的環境，能幫助自己培養內在動機、建立穩定的力量，就像我們在第六章提到的「自我決定論」所說的，一個人若是純粹由「內在」所驅動，而不是被獎勵或懲罰驅使，將能更享受在過程當中，獲得更持久的幸福、快樂。心理學理論也提到支持內在動機的三個要件。[6]

① 勝任感

賦予自己信心，知道自己有辦法克服眼前的任何困難，願意嘗試去了解自我潛能，找到獨特的優勢，而不是拿自己的弱項與他人比較。知道自己的能力得以勝任合適的挑戰，進而進入心流狀態。

② **自主性**

為自己做決定，知道自己有權利、也有責任為人生做選擇。不會因為他人的影響而做出決策，願意完全為自己的選擇負責、為錯誤承擔。能接納當下的人生階段，也知道自己處在什麼情緒之中。

③ **連結感**

感受到連結、尊重，與愛。認知到身邊有人在關心自己、愛著自己，及支持自己，即使偶爾犯錯、沒有達到理想中的樣子、感到茫然，都不會因此被否定或質疑。相信自己能在未來變得越來越好，內心有著扎實的安全感根基，了解自己不需要特別去證明什麼。

僅依靠意志力將難以在這個茫然又混亂的世代中逆水行舟。因為外界有太多聲音在指點我們該往哪裡走，以各種懲罰、獎賞來威逼利誘我們前進。支持自己的環境能持續培養我們的內在力量，讓我們知道，自己有辦法克服眼前的任何困難、接納當下的人生階段，也能保持安全感，了解自己不需要特別去證明什麼，進而能帶著輕鬆的狀態，享受在充滿好奇與滿足感的過程中。

下班後的第二人生

想改變自己，需要先跳脫三點一線的生活，從改變場地開始。在居住地和工作地點以外，還需要一個非正式的公共聚集場所——一個能和自己相處的「第三空間」。可能是咖啡廳、茶館、酒吧、社區中心、健身房等，或是可以自己創造一個舒服的場域，找到臥室的一個角落，和家人溝通好自己的意圖，留給自己一個得以放鬆的空間。

改變了場地之後，接著是挑選自己接觸的人事物。在職場中難免需要應酬交際，需要認識不想認識的人、談論不想談論的話題，需要找到適合自己的方式來應對。但在下班之後的生活，我們可以不再讓這種事發生，向內探索自己真正的需求，適時拒絕是很重要的。同時，也要更頻繁地接觸自己嚮往的群體。

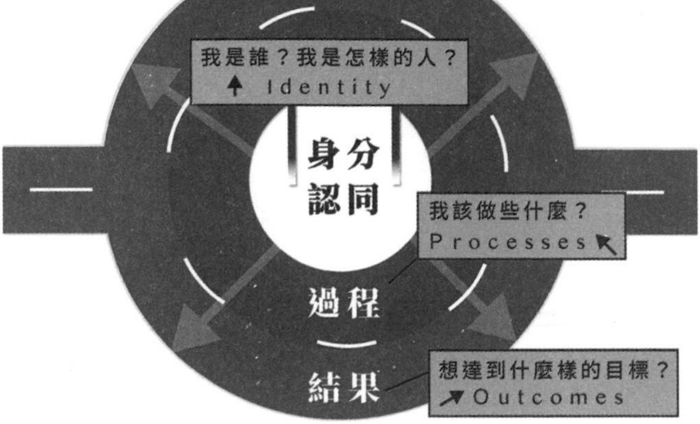

「以前我很愛聽講座、買線上課程，剛開始都很有幫助，覺得被激勵了，很想做出改變。但每天的生活都在見同樣的家人、伴侶，同樣的主管、同事、朋友，好像再怎麼努力，改變幅度還是有限。後來，我才發現重點不是看再多的課程或講座，而是真正走出去，融入那些我嚮往的群體。」

——二十八歲／咖啡師／唐先生

如果已經有想成為的理想模樣、具體的想像畫面，最快的改變方式，就是透過「沉浸法」讓自己主動沉浸其中：**沉浸在相關的人群**——與相關領域的人交流、做朋友；**沉浸在相關的場合**——參與相關的活動、課程、論壇；**沉浸在相關的特定事物**——發起或加入相關的專案；**沉浸在相關的知識和語言**——累積相關的知識，學習同領域人的「語言」。

當你持續浸泡其中，身分認同（Identity）就會開始改變，開始清楚知道自己是誰、相信什麼。再來，行動過程（Processes）會改變，開始願意投注心力在某個過程。最後，將達到你想要的結果（Outcomes）。一切都會順理成章地由內而外展開。

覺察思維

◆身邊的一切本來就會影響我們，這是一個很難改變的事實。差別在於，有些人是被動地處在環境中，不情願地被影響；有些人會主動選擇要如何被影響。

◆缺少對當下社交需求的認識，會讓我們時常處在一種不上不下的「社交失衡」狀態——孤獨時想交流，社交時想獨處。在進行一場又一場未經思考的社交前，我們需要更多的自我對話及內在反思。

◆不論外向、內向，每個人都有自己的社交極限，需要適當的獨處空間，有自己與世界相處溝通的方式。

◆每一次的孤立，都在重塑自己想要的聯繫，在孤獨與連結之間輪流交替，就像是一種自己與世界的溝通方式，讓關係一次又一次變得更適合自己。

◆ 有些關係是我們無法選擇的，某些社交活動是不可避免的，但至少在一段孤獨的狀態裡，留給自己一些時間，不要急著去填滿空虛。

◆ 展現出自己的真實能幫助你找到合適環境。透過各種計畫、想法、行動、專案、實驗，將自己真實的樣子付諸實踐。你身邊會慢慢多了一些願意支持你的夥伴。

◆ 一個會帶給我們勝任感、自主性、連結感的環境，能持續培養我們的內在力量，進而克服眼前的任何困難，享受在充滿好奇、滿足感的過程中。

◆ 想要改變自己，需要先跳脫三點一線的生活，從改變場地開始，找到一個能和自己相處的「第三空間」。

◆ 想成為某類型的人，最快的改變方式是沉浸在相關的人群、活動、專案、語言中。讓身分認同改變，接著行為改變，最後，想要的結果自會順理成章地由內而外展開。

/自我提問/

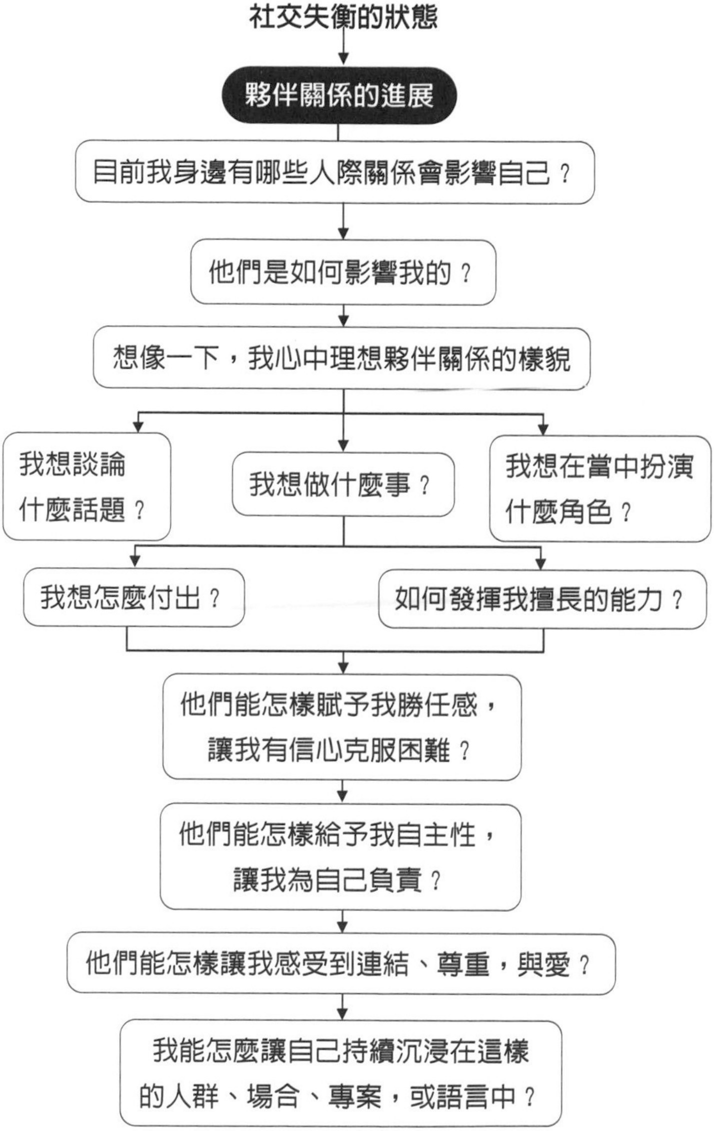
社交失衡的狀態
夥伴關係的進展
目前我身邊有哪些人際關係會影響自己？
他們是如何影響我的？
想像一下，我心中理想夥伴關係的樣貌
我想談論什麼話題？
我想做什麼事？
我想在當中扮演什麼角色？
我想怎麼付出？
如何發揮我擅長的能力？
他們能怎樣賦予我勝任感，讓我有信心克服困難？
他們能怎樣給予我自主性，讓我為自己負責？
他們能怎樣讓我感受到連結、尊重，與愛？
我能怎麼讓自己持續沉浸在這樣的人群、場合、專案，或語言中？

總結
用自己的力量，活出想要的自由

這幾年，在大眾對自我覺察的渴望，與身心靈服務的快速發展下，生活中早已不乏各式能幫助我們療癒身心、自我成長的資源。網路上更時不時可以看到各類心靈雞湯、勵志演講、線上課程，以及職涯探索工具。這些資源能帶給我們一次性、短期、快速的啟發，然而，隨著時間流逝，它們對生活的影響幅度是有限的。**如何讓改變能夠穩定、長久且具有延續性，是我們撰寫本書的主要原因**，也是我們創業十年以來一直投入的方向。

自由不該淪為口號，而該是具體實踐的生活樣態

本書提供的不僅是一套探索工具，更是能帶領你往自由前進的人生累積

策略。我們希望它對你的幫助，不僅是淺層的激勵或安慰，而是能真正創造實質改變的行動。在面臨人生重大抉擇時，成為陪伴你前進的專屬教練，為你賦能並激發出內心深處足以面對挑戰的潛力，跳脫既有視角去看待過程中的每段經歷，擴展不同面向的自由。

從感受上的「內外一致」、行動上的「自我驅動」，到狀態上的「實質成長」。相信這本書可以成為你改變的開始，能讓你更有意識地去生活，知道自己為何行動、為何經歷，為何投入。

本書的第一部分「**自我同理與自我接納**」，探討了如何覺察自己現階段的框架、疏理當下感受，接納思想、接納特質與情緒、接納自我與狀態，為當下開啟潛在可能。

第二部分「**當責與承諾行動**」，為自己設立合適的界線，跨越關係阻礙，擺脫無助的習慣，為關係當責。接著，我們希望幫助你打破完美主義，開始創造第一步行動，為工作與零碎時間當責。最後，深入找尋驅動自己的內在動力，為精力與動機當責，在混沌世代下，找到自己深層的動機。

第三部分「**持續進展與優化成果**」，為過去的記憶賦予意義，讓卡住的焦慮開始流動，為經驗意義創造進展。接著是優化行動計畫，以彈性自由的方式推動行動計畫。最後，透過孤獨探索社交狀態，打造能賦予自己穩定和力量的環境，讓夥伴關係進展，在下班之後活出第二人生。

人的生命極其有限，每個改變都至關重要。有很多跟你一樣在自我實現道路上努力的人，都會和你站在同一邊，與你一起學習自我同理、學習當責、學習讓行動計畫進展，成為你成長過程中的緊密夥伴。AndAction也有許多專業的教練，能帶你依循系統化、客製化的成長體系去「刻意練習」，少走許多他人曾繞了很久的彎路。

在成長的路上，你一點都不孤單。我們挺你，活出你想要的樣子！

※本書特別整合每章後的「自我提問練習表」供讀者下載。請查閱圓神書活網（www.booklife.com.tw）《擁抱停頓》書籍頁，即可找到下載連結。

※有關本書參考文獻，亦請查閱圓神書活網《擁抱停頓》書籍頁。

後記
鍛鍊一個不執著的心靈

鄭彥麒

這半年期間，我常常問自己：「如果這本書要帶給讀者最核心一句話，那會是什麼？」

前陣子，剛結束了一梯AndAction定期舉辦的ACP教練培訓課程。這一梯有位年紀稍長的學員，特別引起我的注意。上課特別認真，課前預習、課後複習樣樣沒少，還不苟言笑地散發出特別較真的氣場，在小組討論的環節中，總會讓氣氛變得稍稍緊張。

在最後一堂課的結尾，他笑著來找我，跟我說：「這段期間我看到了很多自己的執著，雖然在這個年紀，要放下很多過去很痛苦，但我會努力的。

我發現，其實面對意外無須訝異，人生不出意外的必出意外，改變其實也還好。」

是呀，在過去面對客戶的經驗中，說自己不可能成功轉職的，一個月後就在新公司；準備放棄自由工作者的生涯，就突然接到大專案，現在在清邁當數位遊民。無論什麼年紀、狀態，似乎都沒什麼好執著的。

不執著，不代表會失去自我

這樣的思考讓我聯想起在課堂中，關於「無我對話」的章節。

「無我對話」在我們課堂上的說法就是：「盡可能站在對方的認知與理解中對話。」每每在分享這樣的概念時，會有很多學員問我：「我的原則和客戶想要的相反怎麼辦，該怎麼告訴對方他是錯的？」「但我已經知道怎樣才會成功了呀，不直接說不就顯得我其實很笨嗎？」「所以我一定要理解客戶嗎？」

每個人都想為自己貼上獨特的標籤、想呈現「個人價值」，在這樣的氛圍下，「無我」似乎牴觸了這一路以來的堅持，總覺得如此就不是自己了。

事實恰恰相反。

當同理與覺察的範圍超乎了自己，嘗試與他人的人生經驗連結、站在不同視角看到各種可能性後，自然會發現無數個定義、了解自己價值與連結社會的方式。放下執著、不感到被限制後，就能得到個人發展上的最大自由。「無我」並不是「沒有」我，而是「不限制」自我，對我來說，這是一種更能融入社會的個人主義思想。

這一刻，我心中模模糊糊浮現了一句話：「鍛鍊一個不執著的心靈。」

在這本書中，你可能不容易看到我們很明確地說是非對錯，好像都留有一點「餘地」。並不是我們沒有觀點或不想選邊站，而是我們遵守一開始做這件事的初衷：盡可能接近事實、呈現不同客戶的人生歷練，激發對讀者有感的啟發，但我相信你一定可以在這本書的某一頁、某一段，找到能啟發你成長的至理箴言。在成長面前你永遠是自由的。

祝福你有一個不執著的心靈，在接下來的路上成為想要的自己。

後記 邁向下個階段 2.0 版本的自己

翟厚翔

「如果暫時跳脫現在這個當下，在不遠的未來，一一轉變你現在遇到的任何感覺卡住或不自在的情境，開始漸漸進入理想的節奏，工作、生活都充滿你嚮往的元素，那會是什麼樣子？」

這是我日常在AndAction工作內容之一「免費線上客服初談」中，偶爾會帶著客戶一起發想的思考點。稍稍連結、整理現狀，並帶著對未來的期待，想像具體發生的新可能性，探索將「未知」變成「已知」的過程。

晤談了超過數百位來自四面八方的生命故事後，深刻感受到每個人對於

「期待的重心」都有所不同。有人關注生涯職涯發展的成長規畫、有人想好好調整拖延症等不好的習慣、有人渴望改善生活中的人際互動、有人希望培養更加踏實的自信心、有人在意當自己低潮缺乏精力時能否重新振作起來。

各式各樣期待的背後，不外乎是**想在無數無意識框架與強烈外界拉扯的環境中，追尋某種「自我的平衡」**。無論是奮力向前衝刺時提升自我掌控感，融入社會的同時能不受制於他人；或是慢下來時能好好喘口氣、接住情緒和壓力釋放，依然可以看見一定程度的自我價值。在工作或生活中，都找到真正貼近內心的「讓自己每天有感的意義」。這是二十到四十世代面對不同抉擇時，判斷是否能滿足、安放現況的重要依循。

在我的成長歷程中，可能從幼稚園時期開始吧，算是滿早意識到「我」的存在。

在這個身體中，從意念到感官、感官到肢體、肢體到互動，都是相當神奇、有趣的事。於是，我開始時常在腦中進行自我對話的小遊戲。我從小就是個不按牌理出牌、喜歡問奇怪問題的小鬼頭。隨著年紀增長，這樣的思維和覺察，也讓我更意識到這個世界、社會和環境，充滿著許多框架。這些框架究竟為什麼存在，又由誰去定義，令我十分掙扎與糾結，甚至不乏衝撞體制、挑戰所謂的「既定認知」。

這樣的過度思考，也帶給自己不少挫敗經驗，包含對於填鴨式升學體制的不認同，不忍看到特質良善的好友們，只因為不擅於念書考試就被定義為「失敗的壞學生」，甚至後續影響自我價值感低落。在後來歷經重考的一年，更加切身感受到在尚未**真正釐清內心想法前，若一味汲汲營營、跟隨外界的定義與期待，是需要再額外付出多少成本代價，才能重新建構所謂「原生的自我認同」**。

因此，在重考後，我開始嘗試以全新的視角重新認識世界。總是對「人」有著相當高的純粹好奇心，延伸至特別容易關注、同理當代議題、時事，及社會現況。觀察到每個人心中總或多或少有著不滿足，卻總是默默將自己的需求往後放。年復一年、日復一日，當身上的標籤累積得越來越多，轉換成本自然更難以啟動。

或許就是因為這樣，十多年前才會希望自己能捲起袖子做點什麼，試著在大環境中注入一些漣漪，因緣際會踏上「支持個人發展」這條創業之旅。一邊專注於解決問題、一邊轉型服務定位，不斷探索能讓每個人發揮自己最大潛力的方式，最後集大成為你們現在看到的「ACP教練心法」，也正是期待透過這本書傳遞給大家的精神。

「ACP教練心法」並非是固定的理論方程式，我們AndAction也不認為這是一項百分百的準則，要像工廠製造流程一般讓大家變得一模一樣。我們希望的是，大家能將這套方法融會貫通於日常思維，在閱讀時放緩節奏，邊看、邊想，將自己的生命歷程與有感的段落貼合。面對眼前困擾的議題時，有機會站出來成為自己的教練，一步步系統性地引導自我覺察、盤點現況，做出更貼近自我的踏實選擇、安排行動計畫、嘗試驗證，並找到平衡模式，讓改變的動能持續發生。

祝福你們能透過這本書找到自己的步調，邁向並實踐2.0版本的自己！

後記
每個困惑與苦難，都開啟了人生的探索

陳法憲

身為一個充滿理想主義、容易憂鬱，也常與世界格格不入的MBTI類型——INFP哲學家人格，從小我就對很多事感到困惑。如何培養人際關係？活著的意義？為何要賺錢？如何面對自己愛面子的個性？該放鬆還是該有生產力？本書討論的每個問題，都幾乎曾在我腦中出現過。我媽甚至笑稱這是「少年維特的煩惱」。

腦中的聲音不斷迴盪，讓我甚至無法控制，必須要將它們都寫下來才能稍微停止。於是我翻遍各種書籍、影片，寫了一整年的日記，希望能從中疏理出「終極解答」，甚至在當兵的放風時間，人人都在「找手機」，我卻在「找自己」。

大學畢業後，尋找「終極解答」的任務仍在持續進行。

我做了很多嘗試，以各種面向的探索去認識自己：去健身房擔任櫃檯人員、遠赴俄羅斯看世足賽、在人聲樂團嘗試不同形式的演出、擔任網站前後端工程師、嘗試行銷、設計、寫文案等，然而，茫然的感受卻變得更加強烈。工作困境、經濟壓力，及人生的困惑與孤單，使我陷入了更深層的憂鬱，身體常沒來由地疼痛，運用任何正向思維技巧都無法改善，反而產生更多的失落感。

日子像喪屍般，只有在跑步機上運動時，才能感受到一絲絲「活著」的感覺。甚至有次嚴重到，騎車進入熟悉的住家停車場時陷入恐慌，無法再往前一步、不願再次面對日復一日空虛、麻木的生活。

直到接觸了正念覺察及臣服的概念，以不評斷的方式看待自身狀態，**我告訴自己：「現在是什麼狀態都沒關係」，當我真正站在自己身旁，而非對立**

面，我才稍微放下了那個不斷壓抑的自己，停止持續的精神內耗。

這幾年，我也慢慢調整了待人方式。以前會急著想幫助客戶解決問題，盡可能帶著對方創造改變，卻無形中給了對方壓力。現在我知道，一切都是急不來的。我只需要留給對方沉澱的時間，允許他保有自主權，等待他準備好了再繼續前行。此時的我，深刻認知到真正的改變，必須跟著客戶自身的步調來持續推進。

至於前面提到的「終極解答」，探索了這麼久，我到底找到了沒？

沒有。而且，我認為解答根本不存在。

如果一定要有個解答，我會說那就是聽從自己的「直覺」——獨立於思想、情緒之外的內在聲音。**即使因世俗眼光而急躁、因自我懷疑而停滯，但仍願意慢下來聆聽內心的聲音。這時的自己，會重新找回力量，有意識地讓改變往想要的方向累積。**

生命會持續出現考驗，且不會事先詢問我們的意願。我們能做的就是勇敢面對，以更大幅度的改變去應對各式苦難。

讀到這裡，希望你感受到，這本書既不是終點也不是起點，而是過程中允許你慢下腳步的一個停靠站。

邀請你與我們一起，以堅定、不失溫度的心，緩緩走向下一段充滿可能性的未知旅程！

致謝

身為AndAction創辦人的我們，很幸運地能在艱困的創業道路上，收穫一群無條件支持我們的夥伴，陪伴我們走到現在。因為擁有這些能持續為我們創造自信、自主、連結感的人和環境，才得以讓這個社群持續成長，發揮獨特的價值及影響力。

首先要感謝的是台灣相信世代發展協會的Timothy、Tracy、Jason和Andy。如果當年沒有透過租屋網，因緣際會接觸到這棟隱藏在眷村裡的University Café，我們三人或許都還是過著匆忙、沒有頭緒的創業生活。謝謝你們在我們需要探索的時候，總願意用開放的心態坦然地與我們進行溝通、交流、合作，才能共同激盪出這麼多有趣、有意義的故事與寶貴的人生體驗。協會創建了多元自由的青年社群，支持台灣青年進行更多探索和創作，關心環境永續、青年住房等議題，無私的奉獻心態，也造福了眾多身在台灣的青年。我們之間就像是環環相扣的生態系，以不同面向培育著台灣二十到四十世代想創造改變的人們。

再來，要感謝的是過去陪著我們一同創業的夥伴東東（林東翰），你是AndAction品牌轉型的重要推手。你用獨到又富有美感的眼光，設計出了這個深具意義與溫暖真誠的品牌識別、網站和早期的社群貼文，並打造出一再引發熱烈口碑的社群活動「溫層特調」。這些貢獻都為我們鋪墊出穩固的基石，讓影響力得以發酵擴展。

最後，要感謝兩位AndAction的重要夥伴，第一位是資深教練和核心夥伴Chloe，你的溫暖真誠和行動力，是讓教練服務和培訓得以快速拓展的重要原因。擔任督導教練，仔細把關著教練培訓的品質，同時，也把很多客戶所困擾的「關係議題」有系統性地導入教練體系中。你曾說過，這份工作是你職業生涯做過的七份工作中最享受的一份。在你身上，看到你不只正在從事理想工作，每天更過著理想生活，洋溢著滿足、快樂與自由。很謝謝這個團隊有你的存在。

第二位要感謝的是AndAction心理學研究團隊領導者曾鵬宇，謝謝你為這本書增加了不少心理學的深厚知識底蘊。你不僅內化了上百篇關於「幸福學」的國際學術論文，更超越那些複雜的研究與論述，活出了真正的幸福。我們從你身上學到的心理學智慧，都注入了書中的內容和教練服務當中，讓每個傳遞出的知識，都不只是空虛無脈絡的迷思，而是扎實有根據的事實。

還有太多支持過我們的夥伴、客戶、培訓學員、家人、朋友、企業夥伴、政府單位，還有探索路上曾經帶給我們啟發或支持的人：劉祐辰、千葉隆博、小羊、井琪、今村正輝、文森哥、王佩穎、王慈恩、王麗閑、尤洞豆、仝晨、四季彩食・今村、田廣潤、石卷工房、石卷城市資料館Richard、如果青年、安達日向子Hinako、朱欣怡、朱喬、朱麗芝、江刺　宏、江牧群、江芸頻、余晨瑋、何姿慧、何家州、何昕霓、陳法蓉、陳文欽、楊淑敏、吳佳玲、吳政穎、岑崇恩、李文豪、李立丞、李吉仁、李妤芊、李哲、李偉綸、李瑄倫、李齊、李寧珩、汪光瑋、汪興寰、里長伯們、卷組Makigumi、陳麗伃、徐萱珉、江致緯、吳祐森、戴廷丞、紀景華、周家寬、唐紫綸、朱庭誼、張維庭、陳虹竹、譚啟序、蔡雯慧、絲靖芳、廖克紹、李芸佩、李芸玫、宋具芳、所有YMJ好友們、松村豪太、林之晨、林柏華、林美綿、林倩妏、林珮汝、林藝、林彥礦、唐懿萱、薛中齊、潘怡瑩、施文、柳育德、洪士灝、胡詠新、貞儀、宮城了大、島田暢（達魯）、徐揚、徐懿、海翎、珞格、翁鈺庭、馬健哲、康瓊之、張希慈、張朝麒、張小咪、曹楠茜、曹立榕、莊仁山、莊孟儒、莊嵐嵐（莊寧）、莊雅典、莊熙平、郭孟學、郭貞儀、郭家佑、郭泰頤、郭鈞哲、陳仁傑、鋁合金、陳力瑄（阿力）、陳孟莉、陳宣頤、陳昱珊、陳韋綾、陳淑敏、陳穎蓁、凱爾哥哥、　斯卡Oscar、彭少甫、智豪、曾台維、曾台綸、曾荃鈺、渡邊享子、黃怡敦、黃昱翔、黃祥昀、黃源森、黑喜老師、楊以凡、楊正秋、楊政宏、楊御廷、楊凱文、楊貽叡、楊鎧豪、煌奇石業、董宗仙、廖文森、廖碧蘭、廖震平、廖曉彤、廖鴻勝、黃雅萍、廖品淨、廖儷雯、熊（Chloe的貓）、翟晨芳、翟翎琇、翟郭蓮花、翟篤忠、柳芬馨、劉子毅、劉冠廷、

致謝

劉軒銘、劉瑜楷、劉佳妮、潘冠宇、蔡汶成、蔡宗運、蔡於診、蔣龜、鄭安宜、鄭依豪、鄭依馨、古春櫻、鄭金發、鄭宜豪、鄭博元、鄭菀瓊、賴佑昇、賴志鵬、賴品中、瞿志豪、簡斌虔、魏孝謙、羅少佟、羅憶軒、蘇沄和、Aki呂衣喬、Amelia Kuo、Ashely Wu、Athena席娜、Augustin盧建成、Boundless、Casaco、Chester何小台、Dennis Chia、Fandy Susanto、Fisherman Japan、Gladys、Hino、Hiroki Sugiura、Ishinomaki 2.0、Jack、F、Jasmine、Jason黃澤新、Jay、Jefferson Edri、Josephine Chao、Joyce、Kaoru Ueda、Kenichi Shida、Koske Kato、Mikiharu Yabe、Naoto Kawaguchi、Nozomi Endo、Pat曹平霞、Ric黃鐘揚、Rosi、Tiffany、Tomohiko Okabe、Venessa葉緋、Wendy Chien、Yuji Yamaguchi、Yuriri Suzuki、Yuta Sakaguchi、Yutaka（松村裕）……

謝謝你們陪我們走過這段精彩的旅程，你們一直都存在AndAction的記憶當中。希望這本書成為我們連結彼此的一條線，讓更多對話得以發生、讓更多故事得以展開。未來的路上，一定還是會持續碰面的吧！

國家圖書館出版品預行編目資料

擁抱停頓：焦慮世代，用自己的節奏，實現自我／
陳法憲，翟厚翔，鄭彥麒 著. -- 初版. -- 台北市：
方智出版社股份有限公司，2023.11
256面；14.8×20.8公分 --（生涯智庫；214）
ISBN 978-986-175-768-1（平裝）

1.CST：自我實現　2.CST：生活指導
3.CST：生涯規劃

177.2　　112015763

Eurasian Publishing Group 圓神出版事業機構　方智出版社 Fine Press

www.booklife.com.tw　reader@mail.eurasian.com.tw

生涯智庫 214

擁抱停頓：焦慮世代，用自己的節奏，實現自我

作　　者／陳法憲、翟厚翔、鄭彥麒
插圖設計／陳法憲
發 行 人／簡志忠
出 版 者／方智出版社股份有限公司
地　　址／台北市南京東路四段 50 號 6 樓之 1
電　　話／（02）2579-6600・2579-8800・2570-3939
傳　　真／（02）2579-0338・2577-3220・2570-3636
副 社 長／陳秋月
副總編輯／賴良珠
專案企畫／沈蕙婷
主　　編／黃淑雲
責任編輯／李亦淳
校　　對／林振宏・李亦淳
美術編輯／李家宜
封面設計／尤洞豆
行銷企畫／陳禹伶・蔡謹竹
印務統籌／劉鳳剛・高榮祥
監　　印／高榮祥
排　　版／杜易蓉
經 銷 商／叩應股份有限公司
郵撥帳號／ 18707239
法律顧問／圓神出版事業機構法律顧問　蕭雄淋律師
印　　刷／祥峰印刷廠
2023 年 11 月　初版
2024 年 2 月　2 刷

定價 350 元　ISBN 978-986-175-768-1